Abstinenz als Chance und Weg

Arbeitsmaterialien für Suchtselbsthilfegruppen

Abstinenz als Chance und Weg

Arbeitsmaterialien für Suchtselbsthilfegruppen

Burkhard Kastenbutt
Freundeskreise für Suchtkrankenhilfe
Landesverband Niedersachsen e.V. (Hrsg.)

Abstinenz als Chance und Weg

Arbeitsmaterialien für Suchtselbsthilfegruppen

Bibliografische Information der Deutschen Nationalbibliothek:
Die Deutsche Nationalbibliothek verzeichnet diese Publikation in der
Deutschen Nationalbibliografie; detaillierte bibliografische Daten
sind im Internet über http://dnb.dnb.de abrufbar.

Herstellung und Verlag: BoD – Books on Demand, Norderstedt
ISBN: 9783732287291

Inhalt

Vorwort 7

Danksagung 8

Neue Wege gehen 9

Wertschätzung, gegenseitige Achtung
und Selbstachtung in der Abstinenz 47

Lust auf Leben ist mehr 83

Bildnachweise 114

Über den Autor 115

Vorwort

Die textlichen Vorlagen für dieses Buch entstanden in einer langjährigen Praxisphase der Erwachsenenbildung in und mit Selbsthilfegruppen alkoholabhängiger und suchtgefährdeter Menschen innerhalb des Fachbereiches Gesundheit und Selbsthilfe der Ländlichen Erwachsenenbildung in Niedersachsen.

Die didaktische und methodische Herausforderung bestand darin, Arbeitshilfen zu erstellen, die von den Gruppen sofort einsetzbar sind. Ebenso galt es, durch die Reader das Ziel der Eigenverantwortung und Unabhängigkeit zu fördern, statt alternativlose Orientierung an Arbeitsmaterialien zu schaffen.

Wir blicken im Bereich der Entwicklung solcher Arbeitsmaterialien nunmehr auf über 30 Jahre Erfahrung in der Kooperation zwischen Multiplikatoren der Selbsthilfe und pädagogischen Fachkräften der LEB zurück. Insgesamt wurden seit dieser Zeit weit über 50 solcher Reader erstellt.

Wurden diese Arbeitsmaterialien bisher für die Jahresschwerpunkte einer spezifischen Selbsthilfeorganisation (u. a. für die Freundeskreise für Suchtkrankenhilfe in Niedersachsen und den Kreuzbund DV Osnabrück) entwickelt, so bieten die vorliegenden Texte, unabhängig von der Organisation, aber auch unabhängig von der jeweiligen Betroffenheit jeder Gruppe, die Möglichkeit, eine themenorientierte und am konkreten Alltag ausgerichtete Bildungsarbeit zu gestalten.

Erwin Vartmann
ehemaliger Leiter des Fachbereichs Gesundheit und Selbsthilfe
Ländliche Erwachsenenbildung in Niedersachsen e. V.

Danksagung

Finanziell gefördert wurde die Überarbeitung, Aktualisierung und Neugestaltung der vorliegenden Arbeitsmaterialien von der AOK Niedersachen, Abteilung Gesundheitsmanagement und Prävention, bei der ich mich an dieser Stelle herzlich bedanken möchte.

Mein Dank gilt darüber hinaus dem Fachbereich Gesundheit und Selbsthilfe der Ländlichen Erwachsenenbildung in Niedersachsen e. V., der dieses Buchprojekt angestoßen und begleitet hat.

Ein weiteres Dankeschön gebührt dem Landesverband der Freundeskreise Niedersachsen e. V., der als Herausgeber dieser Publikation fungiert und mit dem eine enge Kooperation während des gesamten Projekts bestand.

Ein besonderer Dank gilt Heinz-Werner Müller, der sich um die technische Gestaltung der Texte und ein druckfertiges Manuskript gekümmert hat.

Dr. Burkhard Kastenbutt

Neue Wege gehen

Neue Wege gehen[1]

Neue Wege zu gehen ist selten eine leichte Entscheidung. Nur zu oft bedarf es deutlicher und spürbarer Herausforderungen, um solche Schritte in Erwägung zu ziehen. Das geht in persönlichen Konfliktsituationen oder Krisen so und sicher ebenso in Herausforderungen, die auch Selbsthilfegruppen erleben können. In solchen Situationen macht es Sinn, im Lebensalltag persönliche und gemeinsame Ziele zu hinterfragen und Mittel zu finden, um Veränderungen herbeizuführen. Krisen, das erkannte man schon in alten Zeiten, sind nicht nur negativ zu werten, denn sie bieten vielfältige Chancen, wenn es darum geht, neue Weg zu beschreiten.

So gibt es zum Beispiel im Chinesischen abstrakte Begriffe, die aus zwei elementaren Schriftzeichen bestehen. Dazu gehört u. a. der Begriff „Krise", der mit weiji 危机 übersetzt wird, der Begriff „Chance" dagegen mit jihui 机会. Beiden Begriffen gemeinsam ist das Zeichen ji 机 , das unter anderem auch „Gelegenheit" bedeutet. Wei dagegen heißt „Gefahr", so dass in weiji die Bedrohung, aber auch ein Element der Wende zum Besseren enthalten ist. Hui wiederum wird ebenfalls mit „Gelegenheit" übersetzt, so dass bei diesem Wort eine Art Bedeutungsverdoppelung vorliegt.

Es ist kein Zufall, dass in Asien eine Krise in ihrer doppelten Bedeutung gesehen und wohl auch gelebt wird. Man könnte daher auch formulieren, dass Krisen mit Chancen verbunden sind, die es zu nutzen gilt. So soll das obige Doppelzeichen ermutigen, neue Wege furchtlos und hoffnungsvoll zu beschreiten, denn es bieten sich dazu im Leben immer wieder Chancen an. Zu diesem Thema finden Sie im Folgenden unterschiedliche Texte, die sich mit Prozessen der Veränderung, aber auch der Krisenbewältigung, Hoffnung und Persönlichkeitsentwicklung sowie dem Weg in eine zufriedene Abstinenz beschäftigen. So bietet das abstinente Leben vielfältige Möglichkeiten, sich aus alten Verstrickungen der Sucht zu lösen, um neue Wege zu beschreiten.

---

[1] Dieser Text stammt aus dem LEB-Reader „Neue Wege gehen" von Erwin Vartmann aus dem Jahr 2012 und wurde vom Autor dieses Buches an einigen Stellen überarbeitet.

Veränderungen erkennen und annehmen lernen

Viele Frauen und Männer fragen sich an einem bestimmten Punkt ihres Lebens, ob sie alles richtig gemacht haben. Nicht nur in Sachen Beruf und Karriere kommen möglicherweise Zweifel auf. Vielleicht stellen sie dabei fest, dass sich vieles in ihrem Leben von selbst ergeben hat. Möglicherweise schlugen die Eltern eine bestimmte Berufsausbildung oder ein Studium vor, vielleicht nicht gerade das, was man sich gewünscht hat. Nach der Ausbildung folgten der berufliche Einstieg, die Heirat, die Gründung einer Familie und das erste Kind. Um alte Wege zu verlassen, sollte man seine Antennen daher weit ausfahren und sich genau beobachten. Es muss nicht gleich ein Berufs- oder Ortswechsel sein, aber es gibt im Leben gewisse Dinge, bei denen es um die Verwirklichung persönlicher Wünsche und Ziele geht, die man vielleicht schon lange Zeit vor Augen hatte. Wer sich dabei aber zu oft verleugnet, läuft Gefahr, in die falsche Richtung zu gehen, wobei er von seiner Seele oder seinem Körper irgendwann dezente Hinweise bekommt, dass es im Leben doch noch irgendetwas gibt, dass in Angriff genommen werden möchte. Dass man solche Dinge bisher nicht realisiert hat, kann damit zusammenhängen, dass man sie immer wieder aufgeschoben hat. Frustration, Schlaflosigkeit und Depressionen können die Folge eines solchen Verdrängungsprozesses sein. All dies kann aber auch geschehen, wenn man seine Selbsteinschätzung zu stark von der Meinung anderer abhängig macht. Doch wie soll man sich verhalten, wenn persönliche Wüsche nach Veränderung nicht gerade in jungen Jahren in Erscheinung treten, sondern erst in späteren? Auf jeden Fall sollte man nicht von heute auf morgen mit allem brechen, sondern Veränderungen in kleinen Schritten vornehmen. Es muss also nicht glcih alles über Bord geworfen werden, was an Erfahrungen und Erkenntnissen im Laufe der Zeit gewonnen wurde. Und auch wenn sich das Rad der Geschichte nicht zurückdrehen lässt, so sollte man dennoch genau hinschauen, was heute und in naher Zukunft zu tun ist. Wichtig ist, nach persönlichen Ressourcen zu fragen, da sie für Veränderungsprozesse von Bedeutung sind. Daraus ergibt sich nach und nach ein Mosaik persönlicher Neigungen und Qualitäten, die für den Weg der Abstinenz und die Realisierung persönlicher Ziele von Bedeutung sind, egal wie alt man ist und wie lange man alkohol-, drogen- oder medikamentenfrei lebt.

> ➢ Welche neuen Wege haben Sie seit Ihrer Abstinenz beschritten?
> ➢ Welche Fähig- und Fertigkeiten waren dafür notwendig, um sie zu gehen?
> ➢ Wie ist es Ihnen auf den neuen Wegen ergangen?

Eine Auszeit wagen

Einsamkeit

suchen

Leere

aushalten

Gefühle

zulassen

Leben

ordnen

Gewohnheiten

ablegen

staunend

entdecken

wie aus den

Mosaiksteinchen

ein neues

Selbstbild

ein neuer

Lebensweg

entsteht

Das Höhlengleichnis
(von Platon, griechischer Philosoph, ca. 400 vor Chr.)

Lesen Sie den folgenden Text bitte im Rahmen einer Gruppenstunde vor und diskutieren Sie mit den Gruppenmitgliedern darüber.

Das Gleichnis:
Mehrere Menschen sind zeitlebens in einer Höhle gefangen. Sie sind an der Höhlenwand mit Blick in das Höhleninnere gefesselt. Ihre Köpfe können sie nicht bewegen. Daher nehmen sie das Leben draußen nur in Gestalt von Schatten wahr, die die Sonne auf die Höhlenwand wirft. Ihre „Wirklichkeit" besteht für sie daher nur aus den Schatten der Büsche, Sträucher und Tiere, die draußen leben, wobei sie die Sonne lediglich in ihrem Widerschein erkennen.

Platon stellt nun die Frage, was passiert, wenn man einen der Gefangenen befreien würde und ihn zwänge, sich umzudrehen. Sicher ist, dieser würde vom Feuer höchstwahrscheinlich schmerzhaft geblendet. Die Schatten an der Wand würden für ihn realer sein als die anderen Figuren. Mit aller Voraussicht würde er wieder zurück in das Dunkel der Höhle wollen, denn dort empfand er keinen Schmerz und fühlte sich „wohler". Damit der nächste Schritt, der weitere Aufstieg, vollzogen werden kann, muss man den Menschen laut Plato dazu zwingen. Dabei wird er mit Gewalt dem Sonnenlicht ausgesetzt. Auch wenn er im ersten Augenblick nichts erkennt und das strahlende Licht in seinen Augen schmerzt, würde er sich nur langsam an die Helligkeit gewöhnen. Schließlich würde er wahrnehmen, dass die Schatten durch das Licht geworfen werden. Da er nun „erleuchtet" ist und die Wahrheit erkannt hat, würde er auf keinen Fall wieder zurück in das alte Leben der dunklen Höhle zurückwollen. So erkennt der Mensch laut Platon die Idee des Guten, deren Sinnbild die Sonne ist.

Die Mitgefangenen würden trotz der Erfahrung, die der „Erleuchtete" ihnen geschildert hat, nicht aus der Höhle herauskommen. Sie würden die Bequemlichkeit des düsteren Höhlenlebens der Erkenntnis und Wahrheit vorziehen. Auch würden sie dem „Erleuchteten" keinen Glauben schenken und sich heftig gegen jeden wehren, der versucht, sie zu „erlösen", damit sie nicht das gleiche Schicksal ereilt wie ihr ehemaliger Mitgefangener.

> ➢ Das Gleichnis soll zwar den Prozess der Bildung beschreiben, ich möchte Sie aber bitten, einen Vergleich mit dem Weg aus der Suchtmittelabhängigkeit zu wagen.
> ➢ Dabei macht es Sinn, sich mit dem Wert neuer bzw. eigener Erfahrungen zu beschäftigen.

Licht am Ende des Tunnels

Auch wenn viele der betroffenen Gruppenmitglieder schon lange abstinent leben, so erscheint es wichtig, sich auch noch nach Jahren an seine Suchtkrankengeschichte zu erinnern. Und auch wenn man seine Abhängigkeit als „dunkle Zeit" in Erinnerung hat, so sollte man stets daran denken, dass sie immer einen Kern der Hoffnung enthielt, der als ein Licht am Ende des Tunnels gedeutet werden kann. Diese Hoffnung gab vielen Betroffenen die Kraft, sich aus alten Verstrickungen zu befreien. Und gerade dies macht es möglich, die Herausforderungen der neuen Zeit anzunehmen und den abstinenten Weg wach und aufrecht zu gehen. Mit diesem wichtigen Schritt haben Betroffene ihr gesamtes Leben aktualisiert, um eine neue und vielversprechendere Welt zu empfangen. Die Hilfe zur Selbsthilfe hat sie auf ihrem Weg mehr und mehr zum Dialog mit anderen Menschen befähigt. So sind viele Betroffene im Laufe der Zeit kommunikationsfähiger geworden und stehen dem Leben heute offener und bewusster gegenüber. Die Sucht war dagegen vielfach eine Flucht aus der Verantwortung und der Sorge um sich selbst.

Wir können die Sucht in diesem Zusammenhang auch als eine einschneidende Grenzerfahrung des Lebens deuten, die am Ende zu tiefgreifenden Lebensveränderungen beigetragen hat. Die Kapitulation vor dem Suchtmittel war und ist demnach eine große Chance, sein Leben grundständig zu ändern. Viele Betroffene haben daraus gelernt, Neues im Leben anzunehmen. Sie sind vor allem entscheidungsfreudiger geworden, was ihre Interessen und Vorlieben anbelangt. Auch das ist ein Lernprozess, der erst einmal angenommen sein will. Dieser Lernprozess ist jedoch noch nicht zu Ende, da wir immer wieder Neues dazulernen, vorausgesetzt, dass wir offen dafür sind. Dies sollte Grund genug sein, sich seiner Suchtkrankengeschichte zu erinnern, um zu wissen, dass damit nicht nur Negatives verbunden ist, sondern der Kern zu einer positiven Lebensveränderung darin bereits angelegt war. Denken wir dabei an das asiatische Zeichen für Krise, das ein doppelte Bedeutung hat und eben nicht nur eine Schatten-, sondern auch eine Sonnenseite hat.

> ➢ Wie haben Sie den Übergang von der nassen Phase der Sucht in die Abstinenz erfahren?
> ➢ Was war für Sie dabei besonders wichtig?
> ➢ Inwieweit lässt sich hier von einer „Grenzerfahrung" sprechen?
> ➢ Inwieweit haben Sie in den Jahren der Abstinenz gelernt, Veränderungen oder Neues im Leben anzunehmen?

Der Flug Sadats nach Israel[2]

Die wohl beste Möglichkeit zur Veränderung von Vorstellungen der Gegenseite besteht darin, dass man sich anders als erwartet verhält. Der unerwartete Besuch Präsident Sadats in Jerusalem im November 1977 ist dafür ein besonders auffälliges Beispiel. Die Israelis sahen die Ägypter und damit auch Sadat als ihren Feind an, der sie damals überraschend angegriffen hat. Sadat wollte diese Vorstellung ändern und Israel davon überzeugen, dass auch er für Frieden war. Also flog er in die Hauptstadt des Feindes, eine umstrittene Hauptstadt, die damals nicht einmal von den Vereinigten Staaten, Israels bestem Freund, anerkannt wurde. Statt als Feind kam Sadat als Partner. „Ohne diese dramatische Wende wäre der Frieden zwischen Ägypten und Israel kaum vorstellbar" (Roger Fisher/William Ury et al. 2000. Das Harvard-Konzept, S. 52).

Präsident Sadat hatte seinen Besuch nicht angekündigt. Er hatte ihn nicht ausgehandelt, sondern war direkt mit seiner Präsidentenmaschine nach Israel geflogen. Über dem Flughafen Tel Aviv hatte er den Tower informiert, dass die oben fliegende und kreisende Maschine die des Ägyptischen Staatsoberhauptes ist und dass er nach Israel komme, um über einen Frieden zu verhandeln.

Die Maschine hätte abgeschossen werden können, denn es herrschte ja Krieg zwischen beiden Staaten. Sie hätte aber auch abgewiesen werden können, aber sie erhielt, das war sicherlich auch Sadats Überlegung, Landeerlaubnis. Die dann anschließenden Verhandlungen haben einen langen Frieden zwischen Israel und Ägypten begründet.

Was lässt sich aus diesem Beispiel lernen? Ich denke, vor allem, dass wir den ersten Schritt selbst gehen müssen, wenn wir von der Richtigkeit unserer Ziele überzeugt sind. Und dass wir dem „Gegner" entgegenkommen müssen.

> ➤ Wenn Sie das Handeln Sadats als sinnbildliches Beispiel betrachten, worin zeichnet sich sein Mut aus?
> ➤ Was lässt sich daraus für Ihr Leben folgern, auch wenn Sie eine solch große Tat wie Sadat nicht vollziehen müssen?
> ➤ In welchen Lebenssituationen haben Sie, vielleicht nicht so ganz mutig wie Sadat, gehandelt und dadurch ein positives Resultat erzielt?
> ➤ Welche Beispiele fallen Ihnen dazu ein?

---

[2] Der Text stammt aus dem LEB-Reader „Neue Wege gehen" von Erwin Vartmann und wurde vom Autor dieses Buch noch einmal überarbeitet.

Zitate zum Thema „Veränderung"

Es ist nicht die stärkste Spezies, die überlebt, auch nicht die intelligenteste, es ist diejenige, die sich am ehesten dem Wandel anpassen kann.
(Charles Darwin, britischer Naturforscher)

Wenn der Wind der Veränderung weht, bauen die einen Mauern und die anderen Windmühlen.
(Chinesisches Sprichwort)

Willst Du Dein Land verändern, verändere Deine Stadt. Willst Du Deine Stadt verändern, verändere Deine Straße. Willst Du Deine Straße verändern, verändere Dein Haus. Willst Du Dein Haus verändern, verändere Dich selbst.
(Arabisches Sprichwort)

Jeder Tag ist ein neuer Anfang.
(George Eliot, englische Schriftstellerin)

Es kommt nicht darauf an, mit dem Kopf gegen die Wand zu rennen, sondern mit den Augen die Tür zu finden.
(Werner von Siemens, Gründer der Siemens AG)

Wenn du Schlösser in die Luft gebaut hast, so braucht deine Arbeit nicht umsonst zu sein; dort gehören sie nämlich hin. Und nun gehe daran, die Fundamente unter sie zu bauen.
(Henry David Thoreau, (US-Philosoph & Schriftsteller)

Man kann die Welt oder sich selbst ändern. Das Zweite ist schwieriger.
(Mark Twain, amerikanischer Schriftsteller)

Das Leben verlangt mutige Entscheidungen. Wer zu spät kommt, den bestraft das Leben.
(Michail Sergejewitsch Gorbatschow, russischer Jurist und Politiker)

Ich kann freilich nicht sagen, ob es besser werden wird, wenn es anders wird; aber so viel kann ich sagen: es muss anders werden, wenn es gut werden soll.
(Georg Christoph Lichtenberg, deutscher Mathematiker und Naturforscher)

Sucht und Sehnsucht

Wissenschaftler fanden vor einigen Jahren heraus, dass Sehnsucht relativ eng mit dem Alter eines Menschen verknüpft ist. Je älter wir werden, desto mehr stellen wir der unvollkommenen Gegenwart voller Sehnsucht eine verklärte Vergangenheit gegenüber. Sehnsucht erscheint in der Rückschau meistens paradiesisch, aber unerreichbar, utopisch und unerfüllbar. Dabei haben sich Dichter und Denker bereits in der Antike mit diesem Thema beschäftigt. Dazu gehörte auch der Philosoph Plato, der das Phänomen der Sehnsucht mit dem Wort „anderswo" bezeichnete. Im Mittelalter galt die Sehnsucht sogar als „Krankheit des schmerzlichen Verlangens", die in den Augen der damaligen Ärzte behandlungsbedürftig war.

Sehnsucht stellt eine bedeutende Triebfeder dar, die das Leben auf unterschiedliche Weise beeinflussen kann. Was sonst hat zum Beispiel viele Seeleute in unbekannte Weiten und Welten jenseits des Horizonts getrieben, so dass sie das lebensgefährliche Wagnis dem ruhigen Leben vorzogen? Sehnsucht ist jedoch mehr als Lust und Verlangen, denn sie meint etwas Tiefes, Grundsätzliches und Großes. Daher steht hinter dem Wunsch nach der verlorenen Kindheit oftmals etwas ganz Anderes. Sehnsucht hat vor allem etwas mit Suche zu tun. So zum Beispiel mit der Suche nach Glück, nach Frieden und Vollkommenheit, was im Leben aber meistens unerfüllbar bleibt. Sehnsucht kommt aus diesem Zwiespalt jedoch nicht heraus, was sie so gefährlich macht. Auch die moderne Psychologie versucht zu verdeutlichen, dass hinter vielen Suchtkrankheiten eine unerfüllte Sehnsucht steht. Heute wissen wir, dass ca. die Hälfe aller Suchtkranken aus Familien stammt, in denen sie zwar ausreichend Nähe und Liebe erfahren haben, aber oftmals zu stark umsorgt und unselbständig erzogen wurden. Später litten sie vielfach darunter, dass sie von anderen ausgenutzt und nicht ernstgenommen wurden. Sie hatten vor allem wenig Mut, ihre persönliche Meinung zu äußern, was auf ein mangelhaftes Selbstwertgefühl zurückzuführen ist. Die Sehnsucht nach Liebe, Geborgenheit und Anerkennung, nach Selbständigkeit und Selbstachtung spielt daher vielfach eine bedeutende Rolle, wenn es um die Entwicklung einer Suchtkrankheit geht.

> ➢ Wenn hinter jeder Sucht eine Sehnsucht steht, welchen Stellenwert schreiben Sie dieser Aussage in Bezug auf Ihre eigene Abhängigkeit zu?
> ➢ Welche Bedeutung hat das Phänomen „Sehnsucht" in Ihrem heutigen Leben?
> ➢ Anders gefragt: Wie gehen Sie heute mit Ihren Sehnsüchten um?
> ➢ Welche Veränderungen haben sich in diesem Zusammenhang bei Ihnen ergeben?

Mut zum Leben

Mut ist nichts anderes als eine positive Lebenseinstellung zu sich und zu seinen persönlichen Fähigkeiten. Wir können uns in bestimmten Situationen selbst Mut machen, indem wir uns gut zureden. Nur ermutigen wir uns nicht, wenn wir uns in unserer Phantasie vorstellen, was alles passieren könnte, wenn wir nicht richtig handeln und mit bestimmten Situationen nicht korrekt umgehen. Dass wir Menschen nicht fehlerfrei sind, daran denken wir in solchen Augenblicken kaum.

Unsere Ängste können uns helfen, mutiger zu werden. Dabei gilt es zu überprüfen, ob sie überhaupt berechtigt sind und inwieweit sie uns vor Risiken und Gefahren warnen. Auch können wir überprüfen, ob die Situation, mit der wir es zu tun haben, wirklich so gefährlich ist oder ob wir dies in dem Augenblick nur glauben. Ist sie nicht so gefährlich, sollten wir uns mit unserer Angst beschäftigen, die uns möglicherweise den Mut zum Handeln nimmt. Selbstvertrauen gewinnen wir oftmals dadurch, dass wir genau das tun, wovor wir Angst haben. Überwinden wir unsere Angst, können wir Erfahrungen sammeln, die uns in anderen Situationen selbstbewusster und mutiger machen. Wir bauen bei der Auseinandersetzung mit solchen Prozessen immer mehr Selbstvertrauen auf, was eine wichtige Voraussetzung für mutiges Handeln ist. Auch werden wir im Sinne von Versuch und Irrtum feststellen, dass bestimmte Dinge im Leben auch scheitern können. Wenn wir aber Vertrauen zu uns und unserem Handeln haben, werden wir mit Anforderungen und Belastungen auf Dauer anders umgehen. Auf diese Weise festigen wir unsere Persönlichkeit und bilden uns eine eigene Meinung. Wir leben dann auf jeden Fall bewusster und mutiger und wagen Dinge, vor denen wir früher vielleicht zurückgeschreckt sind. Wenn wir also damit beginnen, mutiger zu werden, ist dies gleichsam ein wichtiger Schritt in Richtung innerer Zufriedenheit.

> ➤ Welche Ängste haben uns früher den Mut geraubt, bestimmte Dinge im Leben anzugehen?
> ➤ Wie bewältigen wir heute unsere Ängste, wenn es um Herausforderungen geht?
> ➤ Inwieweit hat uns unsere Gruppe dabei geholfen, im Lebensalltag mutiger zu werden?

Abstinenz als Chance und Weg

Das abstinente Leben bietet uns die Chance, flexibler auf neue Lebensbedingungen und Veränderungen zu reagieren. Für suchtkranke Menschen ist dies ein wichtiger Lernprozess, um solchen Anforderungen und Belastungen nicht aus dem Weg zu gehen. Wenn wir uns jedoch weigern, uns zu verändern, wird es schwierig, den abstinenten Weg konsequent zu beschreiten. Einigeln hilft nicht, sondern was zählt ist der Blick nach vorn. Dies ist natürlich leichter gesagt als getan, denn es gilt, Ängste vor neuen Situationen schrittweise zu überwinden. Oft haben wir Angst vor Veränderungen, weil wir glauben, diese nicht bewältigen zu können. Wir fühlen uns in solchen Augenblicken vielleicht zu schwach oder hilflos und trauen uns nicht zu, mit neuen und unbekannten Situationen umzugehen. Soweit wir aber unsere Fähigkeiten realistisch einschätzen, besteht die große Chance, dass wir bestehende Anforderungen und Probleme kreativ lösen. Dazu kommt, dass wir mit vielen Problemen in der Selbsthilfearbeit nicht allein gelassen werden, denn es gibt dort immer Betroffene und Mitbetroffene, die ähnliche Erfahrungen gesammelt haben

Wir sollten daher allen Mut zusammennehmen und Veränderungen in unserem Leben nicht nur negativ bewerten, sondern auch das Positive darin erkennen, anstatt davor wegzulaufen oder dagegen anzukämpfen. Manchmal ist es nur die Angst vor der Angst, die uns unsicher macht. Wenn wir generell positiv gegenüber Veränderungen eingestellt sind, wissen wir, dass es für fast alles eine Lösung gibt. Wichtig ist nur, dass wir bereit sind, unser Selbstvertrauen zu stärken und uns an Erfahrungen erinnern, die wir bisher erfolgreich gemeistert haben. Und auch wenn uns dazu vielleicht spontan nichts einfällt, so gibt es bestimmte Begebenheiten in unserem Leben, bei denen wir aktiv gefordert sind. Erinnern wir uns nur an den Weg in die Abstinenz und an die vielen Dinge im Leben, die wir seitdem in Angriff genommen und gelöst haben. Wenn wir dazu noch lernen, unsere Angst vor Veränderungen zu überwinden, ist damit schon ein großer Schritt getan.

> ➢ Wie sieht es mit den kleinen und größeren Wendenpunkten in Ihrem Leben aus, was haben Sie daraus gelernt?
> ➢ Welche Vorteile hat Ihnen die aktive Lösung von Problemen gebracht?
> ➢ Was hat Ihnen geholfen, die Angst vor Veränderungen zu überwinden?
> ➢ Inwieweit sind Sie durch die Überwindung der Angst innerlich gewachsen?

Das Gefühl des Vertrauens

Als zentraler Faktor für unsere Gesundheit gilt nach Auffassung des US-amerikanischen Medizinsoziologen Aaron Antonovsky das „Kohärenzgefühl". Damit gemeint ist eine globale Orientierung im Leben, was sich vor allem auf ein dynamisches wie beständiges Gefühl des Vertrauens beziehen lässt. In unserem Verständnis entspricht diese Definition in etwa dem „Urvertrauen". Was aber ist mit dem Begriff „Kohärenzgefühl" gemeint?

Das Kohärenzgefühl setzt sich aus den folgenden Komponenten zusammen:

1. Verstehbarkeit
2. Gefühl der Bedeutsamkeit oder Sinnhaftigkeit
3. Handhabbarkeit

Antonovsky wollte mit seinem Gesundheitsmodell, das er „Salutogenese" (von lateinisch *salus* für Gesundheit und *Genese* für Entwicklung) nannte, die Zweiteilung von Gesundheit und Krankheit überwinden.

Nach diesem Modell bewegt sich der Mensch ständig zwischen den beiden Polen Krankheit und Gesundheit, ob er nun krank oder gesund ist. Antonovsky bezeichnet ihn daher als einen „Schwimmer im Fluss des Lebens". Dabei ist offensichtlich, dass die Grundlage des Lebens die gesunde Gesundheitsentwicklung ist, die durch Krankheiten bzw. deren Abwendung/Vermeidung ergänzt und ermöglicht wird. Geht man dabei von der Sichtweise des salutogenetischen Modells aus, erscheinen Gesundheit und Krankheit in einem anderen Licht. So wird im Rahmen dieses Ansatzes dann auch nach deren Bedeutung im Lebenszusammenhang gefragt und nach Aktivitäten und äußeren Bedingungen, die eine gesunde Entwicklung ermöglichen.

Diskustieren Sie in Ihrer Gruppe doch bitte einmal darüber, inwieweit „Verstehbarkeit", „Bedeutsamkeit" und „Handhabbarkeit" dazu beitragen, den abstinenten Weg als sinnvoll zu empfinden.

> ➢ Welche Bedeutung hat das Kohärenzgefühl Ihrer Meinung nach für das individuelle gesundheitliche Befinden?
> ➢ Welche Ressourcen der Gesunderhaltung werden dabei vor allem durch den Prozess der Hilfe zur Selbsthilfe gefördert?
> ➢ Wie sehen es die Männer, wie die Frauen in Ihrer Gruppe?
> ➢ Und was hat das Ganze damit zu tun, wenn es darum geht, Aufgaben im Leben zu finden und zu lösen?

Seine Aufgaben im Leben finden (Kurzbiografien)[3]

Heinz A.

Jahrgang 1935, katholisch, wohnt auf dem Lande in einer mittleren Gemeinde im Münsterland. H. hat die Volksschule in seinem Wohnort besucht (relativ guter Schüler) und in den 1950-Jahren ein Handwerk erlernt. Mit 24 Jahren hat H. geheiratet. Es kommen 3 Kinder: 2 Mädchen und ein Junge. Im Dorf werden Anfang der 1960er-Jahre 3 größere Industriebetriebe angesiedelt. H. wechselt beruflich: erst in die Produktion, dann ins Lager als Lagerarbeiter und schließlich als Lagerverwalter.

H. baut ein Haus. Die Kinder entwickeln sich gut. 2 Kinder besuchen die Realschule; eines der Mädchen macht Abitur und studiert.

H. wird immer wieder krank und beginnt zu trinken. Eigentlich fängt es damit schon in den 1960-Jahren an. Seine Frau hält die Familie zusammen. Zwar verliert er seine Arbeit nicht, isoliert sich allerdings zunehmend und fällt gesundheitlich in sich zusammen. 1982 kommt es aus gesundheitlichen Gründen zur Kapitulation vor dem Alkohol. H. geht stationär in die Entgiftung.

Ich konnte H. in den 1990er-Jahren fragen, was die Anlässe seines ersten zerstörenden Trinkens waren. Er schaute mich groß an und berichtete dann von einer „eigentlich" völlig ‚"heilen" Welt. Seine Familie war okay. Er hatte Arbeit und einen guten Verdienst. Er hatte ein Haus und … dennoch verlor er zunehmend die „Überblick" über den Alltag. Er hatte auch keine Ahnung, wozu er die einzelnen Tätigkeiten im Betrieb verrichtete; er verstand die Schule seiner Kinder nicht mehr und konnte überhaupt nicht sagen, was in den nächsten Jahren sein würde. Er sah wohl die Zeichen, konnte sie aber nicht deuten. Gegebenenfalls wusste er, was er im Einzelnen tun musste, konnte aber nicht sagen, wozu dies letztlich diente. Bei H. führte dies zum Alkoholmissbrauch und zur Abhängigkeitserkrankung (neben vielen organischen Erkrankungen, die nicht alle nur Sache des Alkoholmissbrauchs waren).

Es gibt eine „zweites Leben" von H.: Er engagiert sich in der Selbsthilfe, gründet 1990 eine eigene Gruppe in seinem Heimatort und wird zur sozialen Instanz in seinem Dorf. Mit 60 Jahren erkrankt er schwer, kämpft einen langen Kampf und gewinnt ihn. So ist er noch lange Zeit in der Suchtselbsthilfe aktiv.

---

[3] Dieser Text und die Texte auf den folgenden drei Seiten stammen aus dem LEB-Reader „Neue Wege gehen" von Erwin Vartmann. Sie wurden an einigen Stellen leicht überarbeitet.

Wilhelm B.

Jahrgang 1896, geboren in einer mittleren Großstadt in Westfalen. Vater alter Gewerkschafter, Sozialist und Handwerker in der Textilindustrie. Als Achtjähriger besuchte er mit seinem Vater eine Kundgebung, auf der August Bebel, einer der Begründer der deutschen Sozialdemokratie, sprach. Dieser Besuch ist in seinen Erinnerungen fest eingeprägt bis ins hohe Alter.

W. beginnt eine Laufbahn als Kommunalbeamter.

Von 1915 bis 1919 war er Soldat im ersten Weltkrieg. W. baut zum Ende des Krieges zwei Soldatenräte in Norddeutschland und Württemberg auf. In den 1920-Jahren war er Redakteur der „Arbeiterzeitung". Während dieser Zeit (aufgrund einer Streikvorbereitung) war er sechs Monate in Haft in einem Arbeitslager. W. engagiert sich politisch vor allem in Norddeutschland.

1933 wurde er von der SA verhaftet und verurteilt, konnte aber in Süddeutschland untertauchen. 1939 wurde er erneut von den Nazis verhaftet und ins KZ Buchenwald gebracht. Hier gehört W. bis zur Befreiung des KZ im Jahre 1945 dem illegalen internationalen Lagerkomitee an.

Nach dem Krieg leitete er vorübergehend den Wiederaufbau seiner Heimatstadt und war maßgeblich an der Verhinderung der Demontage eines Stahlwerks beteiligt. Ab 1947 war er 12 Jahre Mitglied des Landtags. Sein erfolgreiches politisches Engagement für den Erhalt des Stahlwerks in Salzgitter führt 1950 zu 12 Monaten Haft im britischen Militärgewahrsam.

Bis zu seinem Tode in den 1980er-Jahren lebte W. mit seiner Frau in einem eigenen kleinen Einfamilienhaus in seiner Heimatstadt, völlig unspektakulär und als liebenswerter und engagierter Nachbar im Viertel.

Seine Vorschläge für seine Lebenserinnerungen, wenn sie jemals in gedruckter Form erscheinen sollten: **„Ich habe rund gelebt."** oder **„Ich habe satt gelebt."**

Sein Leben war ohne Frage hart, aber er hat gerne gelebt und wollten keinen Tag seines Lebens missen. Außerhalb des Protokolls gab er nach dem Interview auf die Frage nach einem Fazit folgende Antwort:

„Ach, interessant war es eigentlich immer."

Fragen zu den beiden Biografien

Wie haben die beiden Männer vermutlich ihr Leben unter dem Aspekt des *Kohärenzempfindens* erlebt? Welche Bedeutung hatten für sie Aspekte wie *Verstehbarkeit*, *Bedeutsamkeit* und *Handlungsfähigkeit*?

Hat ein solches *Kohärenzgefühl* ihrem Leben möglicherweise einen Sinn geben können? Anders gefragt: Inwieweit könnten beide Männer in ihrem Leben einen Sinn gefunden haben?

Wie haben die dargestellten Personen wohl ihre (Um-)Welt wahrgenommen, in die sie hineingestellt waren?

Welche Selbstbild haben sie dabei möglicherweise in der Auseinandersetzung mit ihrem *Schicksal* entwickelt?

Wie haben die beiden Männer ihre persönliche Aufgabe im Leben verstanden?

Wie sind sie mit den Herausforderungen des Lebens umgegangen?

Welche Antworten haben sie dabei möglicherweise gefunden?

Wie ist es ihnen gelungen, ihr Leben selbst in die Hand zu nehmen, um es aktiv zu gestalten?

Welche Zusammenhänge zwischen den persönlichen Lebenserfahrungen der beiden Männer und ihrer gesundheitlichen Stabilität sind erkennbar?

Was entnehmen Sie den geschilderten Biographien, wenn es um Ihr Leben und Ihre seelische und gesundheitliche Stabilität geht?

Welche Rolle schreiben Sie dem selbstbewussten Leben zu?

Wenn Sie noch ein Stückchen tiefer in die Materie eindringen wollen, dann kopieren Sie bitte die nächste Seite und verteilen Sie diese in der Gruppe. Die Gruppenmitglieder sollen die Fragen in kurzen Sätzen oder Stichworten beantworten. Anschließend können die Ergebnisse in der Gruppenrunde besprochen werden.

Wie erleben wir unser Leben?

Wie erleben wir unser Leben unter dem Aspekt der *Bedeutsamkeit,* des *Verstehens* und der *Handlungsfähigkeit*? (bitte in Stichworten oder kurzen Sätzen antworten)

_____

_____

Können wir unserem Leben einen Sinn geben bzw. erfahren wir in unserem Leben Sinn?

_____

_____

Wie erleben wir die (Um)Welt, in die wir hineingestellt wurden? Welches Selbstbild haben wir in der Auseinandersetzung mit unserem *Schicksal* entwickelt? Wie verstehen wir unsere eigene Aufgabe im Leben?

_____

_____

Wie sind wir bisher mit den Herausforderungen des Lebens umgegangen? Welche Antworten haben wir gefunden? Wie ist es uns gelungen, unser Leben selbst in die Hand zu nehmen und aktiv zu gestalten?

_____

_____

Welche Zusammenhänge zwischen den persönlichen Lebenserfahrungen und der *gesundheitlichen Stabilität* bzw. gesundheitsstärkenden Aspekten lassen sich erkennen?

_____

_____

Der Weg ist das Ziel

Wer ans Ziel getragen wurde, darf nicht glauben, es erreicht zu haben.
(Marie Freifrau von Ebner-Eschenbach, österreichische Erzählerin, Novellistin und Aphoristikerin)

Aller Eifer, etwas zu erreichen, nutzt freilich gar nichts, wenn du das Mittel nicht kennst, das dich zum erstrebten Ziele trägt und leitet.
(Marcus Tullius Cicero, römischer Redner und Staatsmann)

Die Welt gehört dem, der in ihr mit Heiterkeit und nach hohen Zielen wandert.
(Ralph Waldo Emerson. US-amerikanischer Philosoph und Schriftsteller)

Wenn wir die Ziele wollen, wollen wir auch die Mittel.
(Immanuel Kant, deutscher Philosoph)

Wer das Ziel nicht weiß, kann den Weg nicht haben.
(Christian Morgenstern, deutscher Schriftsteller und Dramaturg)

Wer ein Ziel will, darf den Weg nicht scheuen, sei er glatt oder rauh.
(Theodor Fontane, deutscher Schriftsteller und Erzähler)

Gegen Zielsetzungen ist nichts einzuwenden, sofern man sich dadurch nicht von interessanten Umwegen abhalten läßt.
(Marc Twain, US-amerikanischer Erzähler und Satiriker)

Der Glaube, das, was man wünscht, zu erreichen, ist immer lustvoll.
(Aristoteles, griechischer Philosoph)

Nicht den Sieg, sondern den Weg zum Ziel gilt es zu schätzen.
(Chinesische Weisheit)

Der Langsamste, der sein Ziel nicht aus den Augen verliert, geht immer noch geschwinder als der, der ziellos umherirrt.
(Gotthold Ephraim Lessing, deutscher Schriftsteller und Philosoph)

Halte dir stets vor Augen, dass der feste Vorsatz, etwas zu erreichen, wichtiger ist als alles andere.
(Abraham Lincoln, 16. Präsident der Vereinigten Staaten von Amerika)

Wer mutig ein hohes Ziel verfolgt, den Widerstand, den er findet, besiegt, wird schließlich eine Quelle von Segnungen daraus sprudeln sehen.
(Margaret Fuller, US-amerikanische Philosophin und Schriftstellerin)

Eigenverantwortung: eine Antwort auf Gleichgültigkeit[4]

Wer das Buch „Momo" von Michael Ende kennt, weiß, wie vielfältig die „Grauen Herren" den Menschen zum Nichtdenken, zum Stummwerden und zur Gleichgültigkeit verführen.

Die „Grauen Herren" wollen den gefügigen, leicht zu beeinflussenden, abhängigen und nicht selbstdenkenden Menschen.

Dieser Mensch wird gekennzeichnet durch Hektik und hat keine Zeit für sich und andere. Er lebt nach dem Motto: „Zeit ist Geld!", wobei der Wohlstand immer mehr wachsen soll. Er denkt aber nicht daran, dass andere Menschen möglicherweise dabei verkümmern.

Momo, das kleine Mädchen in dem Buch von Ende, „leistet" nichts, aber ist für alle da und für alle wichtig. Sie hat Zeit und vermag zuzuhören. In ihrer Gegenwart entwickeln sich Ideen, Freundschaften und Lebensentwürfe. Momo stiftet die Menschen vor allem dazu an, ihren eigenen Gedanken und Gefühlen zu vertrauen und mutiger zu werden. Unsere schnelllebige Zeit macht Lebenssituationen kompliziert, so dass viele Dinge für uns nicht immer versteh- und nachvollziehbar sind. Und oft wird uns dabei vermittelt, dass wir angeblich nichts verändern können. Wer aber solchen „Machern" seinen geistigen Raum bezüglich des Denkens, Handelns und Fühlens überlässt, also keine eigenen Gedanken wagt oder sie nicht weiterdenkt, verliert sich leicht in Stummheit und Gleichgültigkeit. Daher ist es wichtig, dass wir ein kritisches Bewusstsein entwickeln und in unseren Lebensalltag nicht alles hinnehmen. Schauen Sie sich dazu auch den Text über die Methode der „Radikalen Ehrlichkeit" in diesem Buch an. Gefragt ist in diesem Zusammenhang vor allem mehr Eigenverantwortung als konkrete Antwort auf die in unserer Gesellschaft zu oft grassierende Gleichgültigkeit.

> ➢ Wenn Sie in Ihrer Gruppe über diesen Text sprechen sollten, dann fragen Sie die Gruppenmitglieder doch einmal, was sie unter „Eigenverantwortung" verstehen.
> ➢ Wo beginnt Eigenverantwortung und wo hört sie möglicherweise auf?
> ➢ Welche Bedeutung kommt ihr im Rahmen des abstinenten Lebens zu?
> ➢ Wie sah es damit in der Zeit der Kapitulation vor dem Suchtmittel aus?
> ➢ Wie sah und sieht es mit der Übernahme von Eigenverantwortung in den verschiedenen Phasen der Abstinenz aus?
> ➢ Schauen Sie sich doch im Rahmen der Diskussion auch den kurzen Text aus dem Buch „Momo" von Michael Ende auf der folgenden Seite an.

---

[4] Dieser Text stammt von Anne Schröder-Sternberg aus dem Reader „Neue Wege gehen" von 2012. Er wurde an einigen Stellen vom Autor dieses Readers überarbeitet.

Mehr als nur zuhören können

Was die kleine Momo konnte wie kein anderer, das war Zuhören. Das ist nichts Besonderes, wird nun mancher Leser sagen, zuhören kann doch jeder. Aber das ist ein Irrtum. Wirklich zuhören können nur ganz wenige Menschen. Und so wie die Momo sich aufs Zuhören verstand, war es ganz und gar einmalig.

Momo konnte so zuhören, dass dummen Leuten plötzlich sehr gescheite Gedanken kamen. Nicht etwa, weil sie etwas sagte oder fragte, was den anderen auf solche Gedanken brachte, nein, sie saß nur da und hörte einfach zu, mit aller Aufmerksamkeit und Anteilnahme.

Dabei schaute sie den anderen mit ihren großen, dunklen Augen an, und der Betreffende fühlte, wie in ihm auf einmal Gedanken auftauchten, von denen er nie geahnt hatte, dass sie in ihm steckten.

Sie konnte so zuhören, dass ratlose oder unentschlossene Leute auf einmal ganz genau wussten, was sie wollten. Oder das Schüchterne sich plötzlich frei und mutig fühlten. Oder das Unglückliche und Bedrückte zuversichtlich und froh werden. Und wenn jemand meinte, sein Leben sei ganz verfehlt und bedeutungslos und er selbst nur irgendeiner unter Millionen, einer, auf den es überhaupt nicht ankommt und der ebenso schnell ersetzt werden kann wie ein kaputter Topf – und er ging hin und erzählte alles das der kleinen Momo, dann wurde ihm noch während er redetet auf geheimnisvolle Weise klar, dass er sich gründlich irrte, dass es ihn, genauso wie er war, unter allen Menschen nur ein einziges Mal gab und dass er deshalb auf eine besondere Weise für die Welt wichtig war. So konnte Momo zuhören!!![5]

Bitte diskutieren Sie im Rahmen dieses Textes über die Frage, welche Rolle Sie dem Zuhörenkönnen im Gruppenprozess zuschreiben.

---

[5] Auszug aus dem Buch „Momo" von Michal Ende, Carlsen Verlag, Hamburg, 2010, S. 18f.

Schuldzuweisungen sind keine Hilfe[6]

Wenn Sie Salat gepflanzt haben und er nicht so recht wächst, werden Sie sicherlich nicht dem Salat die Schuld dafür geben. Sie suchen dann wohl eher nach Gründen, warum er nicht richtig gedeiht. Mag sein, dass er Dünger oder mehr Wasser oder auch mehr Sonne benötigt. Dem Salat werden Sie dafür sicherlich nicht die Schuld geben. Wenn wir Schwierigkeiten mit unseren Freunden, Partnern oder der Familie haben, geben wir oft anderen die Schuld. Wenn wir aber wissen, wie wir uns um sie kümmern können, werden sie – wie der Salat – gut wachsen. Auch werden dadurch offene Begegnungen ermöglicht.

Das Beispiel vom Salat zeigt uns, dass wir selbst aktiv werden müssen. Die erste Aktion in der Selbstverantwortung ist das *Hinschauen* und *Klären*, damit ein adäquates Handeln möglich wird. Wem aber nützt das Hinschauen und Diskutieren, wenn keine Handlungen folgen? Mut zum Handeln ist immer begleitet von eigenen ängstlichen Reaktionen, auch von nichts- oder vielsagenden Blicken anderer. Geduld, Aufrichtigkeit und die Wahrnehmung der eigenen Gefühle sowie eine Portion Beherztheit können uns jedoch Sicherheit im Handeln bieten.

Dazu einige Fragen:

> ➤ Wie reagieren Sie, wenn es Schwierigkeiten mit Freunden, Bekannten, Partnern oder in der Familie gibt?
> ➤ Inwieweit reagieren Sie mit Schuldzuweisungen, wenn Ihnen dabei irgendetwas gegen den Strich geht?
> ➤ Wie reagieren Sie auf Schuldzuweisungen anderer, wenn diese nicht berechtigt sind?
> ➤ Inwieweit haben Sie gelernt, reflektierter, mutiger, aber beherzter auf solche Dinge zu reagieren?

---

[6] Der Text stammt aus dem LEB-Reader „Neue Wege gehen" von Anne Schröder-Sternberg. Er wurde komplett überarbeitet und an einigen Stellen ergänzt.

Selbstbewusst leben

Selbstbewusste Menschen verhalten sich häufiger souveräner als Menschen mit einem niedrigen Selbstvertrauen. Sie reagieren in schwierigen Situationen ruhiger und gelassener. Sie können sich Kritik anhören und mit ihr auf entspannte Weise umgehen. Dazu kommt, dass Menschen mit einem starken Eigenvertrauen mehr agieren als reagieren. Sie sprechen vor allem Dinge an, die ihnen wichtig sind. Warum können sie das? Sie sind sich darüber im Klaren, wer sie sind und haben ein gesundes Empfinden für ihre Grenzen und wissen, was für sie ein akzeptables und inakzeptables Verhalten ist, was ihnen innere Stabilität gibt. Selbstbewusste Menschen lassen sich nicht so einfach aus der Ruhe bringen, weil sie innerlich gefestigt sind.

Je mehr wir lernen, uns anzunehmen, wie wir sind, desto wahrhaftiger und echter werden wir. Wir zeigen uns in der Kommunikation mit anderen Menschen so, wie wir sie sind und haben kein Bedürfnis, uns hinter einer Maske zu verstecken. Echtheit ist das Resultat der *Selbstannahme* und *Selbstakzeptanz*.

Wenn wir uns bewusst trauen, zu zeigen, wie wir sind, wächst unsere Selbstakzeptanz, auch wenn wir noch nicht ganz im Reinen mit uns sind. Dies ist zum Beispiel der Fall, wenn wir uns aufgrund bestimmter persönlicher Schwächen schämen. Wenn wir uns aber trauen, möglichst echt und wahrhaftig zu sein, zieht unsere Selbstannahme nach und wir lernen, uns mehr und mehr anzunehmen. Wichtig ist, dass wir zu unseren Fehlern und Ängsten stehen. Dazu gehört auch, dass wir den Mut aufbringen, darüber zu sprechen. Vor allem in der Selbsthilfegruppe sollten wir damit nicht hinterm Berg halten, denn dies schafft eine intensive Verbundenheit mit anderen Gruppenmitgliedern, die oft ähnlich Probleme und Schwächen und somit Verständnis für unsere Belange haben. Je öfter wir zu unseren Gefühlen stehen, umso mehr können wir uns akzeptieren und stärken damit unser Selbstbewusstsein. Wir werden auf diese Weise wahrhaftiger und authentischer. Auch wird uns dadurch mehr Respekt von Menschen entgegengebracht, die uns nahestehen und auf die es im Leben ankommt. Sich selbst die Erlaubnis für die guten Dinge zu geben, ist meistens eine Reise mit vielen kleinen Schritten, auch einigen Rückschritten, aber irgendwann sind wir angekommen, soweit wir an uns arbeiten, was nicht nur wertvoll, sondern auch äußerst lebensdienlich ist.

> ➢ Was hat dazu beigetragen, dass Ihr Selbstbewusstsein in der Abstinenz gewachsen ist?
> ➢ Was haben Selbstwertgefühle mit dem Selbstbewusstsein eines Menschen zu tun?
> ➢ Welche Rolle spielt die Konfliktfähigkeit, wenn es um das Selbstbewusstsein geht?

Ordnung bedeutet nicht Perfektionismus

Menschen neigen allgemein dazu, Dinge ordnen zu wollen. Bestimmte Dinge werden dabei in Klassen eingeteilt und bestimmten Themen zugeordnet. Ordnung dient hier der leichteren Auffindbarkeit von Informationen. Woher kommen aber solche Sprüche wie „Wer Ordnung hält, ist nur zu faul zum Suchen"? Vielfach dienen solche Floskeln dazu, die eigene Bequemlichkeit und Schwäche kleinzureden. Denn ebenso ließe sich sagen: „Wer Unordnung zulässt, ist nur zu faul zum Aufräumen". Aber welches der beiden Prinzipien ist nun wirtschaftlicher? Um es vorwegzusagen: es gibt darauf keine eindeutige Antwort.

Erst einmal ist klarzustellen, dass es bei der Ordnung nicht um Perfektionismus geht, da man es damit auch übertreiben kann. Das penetrante Halten von Ordnung kann sogar zwanghafte Züge annehmen. Dagegen kann eine gewisse Unordnung inspirierend sein. Man spricht in diesem Zusammenhang nicht umsonst von einem „kreativen Chaos". So haben Wissenschaftler herausgefunden, dass die Arbeit an einem ordentlich aufgeräumten Schreibtisch soziale Kompetenzen fördern kann. Menschen, die eher an einem chaotisch aufgeräumten Schreibtisch arbeiteten, waren dagegen eher kreativer. Was lassen sich nun daraus für Konsequenzen ziehen?

Ein bestimmtes Maß an Ordnung im Leben ist wichtig, sollte aber keineswegs übertrieben werden. Ordnung ist jedoch nicht nur äußerlich von Bedeutung, sondern sollte sich auch auf unsere Denk- und Handlungsweisen beziehen. Dies lässt sich zum Beispiel auf solche Lebensgewohnheiten übertragen, die zu festgefahren und zu starr sind und der Annahme neuer Lebenssituationen und Lebensveränderungen im Wege stehen. Ein erster Schritt besteht darin, dass wir uns den Herausforderungen stellen und uns ein Ziel setzen. Ein solches Handeln kann für das seelische Wohlbefinden äußerst nützlich sein. Hilfreich ist es auch, sich über dieses Thema in der Gruppe auszutauschen.

> ➢ Welcher Ordnungstyp sind Sie?
> ➢ Neigen Sie mehr zu einer übertriebenen Ordnung?
> ➢ Bevorzugen Sie eher das kreative Chaos?
> ➢ Oder liegen Sie mit Ihrem Ordnungssinn vielleicht irgendwo dazwischen?
> ➢ Welche Rolle schreiben Sie dem Faktor „Ordnung" für das abstinente Leben zu?

Bedeutsamkeit erfahren

Es sind nicht immer die großen Ereignisse und Erfolge im Leben, die ihm Bedeutsamkeit geben, sondern

- die nach außen vielleicht kleineren Begebenheiten und Erfahrungen, die sich in unserer Erinnerung einprägen.

- die persönlichen Erfahrungen, die Bestätigung gefunden zu haben, was unsere Aufgabe im Leben ist. Aber auch die Erfahrung, dass wir von Mitmenschen wahrgenommen werden, die uns wichtig sind.

Wenn wir uns jedoch als Getriebene fühlen, die mehr oder weniger fremdbestimmt funktionieren, kann irgendwann die Frage aufkommen: „Wozu machen wird das eigentlich alles?" Wir haben dann jedoch das Woraufhin aus dem Blick verloren, das für uns persönlich Wichtige, auf das es im Leben ankommt. Wir erfahren dabei vielleicht ein Gefühl der Entfremdung und Frustration, so dass Verantwortung eher zur unpersönlichen Verpflichtung bis hin zur Belastung wird. Wenn wir aber in unserem Können, Mögen, Wollen und Sollen bejahen, was wir tun und wissen und vor allem wozu wir es tun, ist das mehr als zweckbezogen. Daraus kann sich eine Haltung innerer Entschiedenheit und Souveränität entwickeln, sodass wir stärker aus Selbstbestimmung und (Eigen-)Verantwortung handeln und dabei den Mut aufbringen, Gegebenes zu hinterfragen und zu verändern. Diese innere Souveränität ist es, die uns dabei hilft, anstehende Aufgaben und Veränderungen im Leben anzunehmen und zu bewältigen. Und wenn wir dabei noch erkennen, dass auch kleine Begebenheiten große Bedeutung haben können, werden wir mit unseren Aufgaben stetig wachsen. Erst so gewinnt unser Leben an Farbe und Sinn.

> ➢ Welchen Dingen im Leben haben Sie früher eine zentrale Bedeutung zugeschrieben (z. B. in der Zeit vor oder während Ihrer Suchtmittelabhängigkeit)?
> ➢ Welche Bedeutung messen Sie heute den kleinen Dingen des Lebens im Alltag bei?
> ➢ Welche praktischen Beispiele fallen Ihnen dazu ein?

Konstruktive Konfliktlösung

Unsere Gesprächspartner wahrzunehmen, bedeutet, dass wir sie im kommunikativen Austausch wertschätzen, auch wenn sie vielleicht anderes denken und handeln als wir.

Konstruktive Konfliktlösung meint des Weiteren, sich für solche Auseinandersetzungen zu sensibilisieren. Erst so werden wir dazu fähig, bei uns und bei anderen Menschen Verletzungen zu registrieren und uns trauen, diese auch anzusprechen.

Konstruktive Konfliktlösung meint jedoch nicht Harmonisierung, sondern die Fähigkeit zur kommunikativen Auseinandersetzung in Form von Ehrlichkeit und Bereitschaft, das „So-Sein" unserer Kommunikationspartner zu akzeptieren oder zumindest zu tolerieren. Jeder Mensch ist anders und hat im Hinblick auf bestimmte Dinge des Lebens oftmals andere Ansichten. Im kommunikativen Austausch bedeutet dies, dass wir das Denken unserer Gegenüber ein Stück weit verstehen bzw. nachvollziehen können. Wenn wir lernen, uns in sie hineinzuversetzen, werden die Motive ihres Handelns klarer und einschätzbarer.

Hilfe zur Selbsthilfe meint, dass wir eigenverantwortlich unseren Weg gehen sollen, auch wenn wir im Rahmen des Gruppenprozesses mit konträren Ansichten konfrontiert werden. Aber auch hier lässt sich darauf hinweisen, dass jeder abstinente Weg anders ist und ihn jeder so gestaltet, wie er es für richtig hält. Dass es unterschiedliche Auffassungen gibt, verwundert also nicht, nur sollten sie kein Zwang für andere Gruppenmitglieder sein. Wichtig ist vielmehr, dass wir lernen, uns in der Gruppenarbeit mit vielen Themen kritisch zu beschäftigen, wobei es sogar zu kontroversen Ansichten kommen darf und soll. Denn gerade daraus können wir lernen, dass es nicht nur verschiedene Meinungen gibt, sondern dass man sich trotz unterschiedlicher Auffassungen mit Respekt und Toleranz begegnen kann. Dies wiederum ist eine wesentliche Voraussetzung für die konstruktive Lösung von Konflikten. Gerade die Auseinandersetzung mit solchen Prozessen ist es doch, die uns konflikt- und handlungsfähiger macht.

> ➢ Was wollen oder müssen wir noch lernen, um konfliktfähiger zu werden?
> ➢ Welche Fortschritte haben wir in diesem Zusammenhang bereits im Rahmen unserer Abstinenz gemacht?
> ➢ Was können wir in dieser Hinsicht auch nach Jahren der Abstinenz noch lernen?
> ➢ Welche Erfahrungen haben wir in der Gruppe mit der konstruktiven Lösung von Konflikten gemacht?

Die Gruppe als kreative Streitkultur

Mit Konfliktfähigkeit ist die Kompetenz gemeint, einen Konflikt anzunehmen und ihn konstruktiv zu lösen. Dabei geht es nicht nur um die Suche nach einer angemessenen Lösung, sondern auch um das Schaffen eines (Gruppen-)Rahmens, der eine „Streitkultur" unterstützt. Eine Streitkultur zu besitzen, das bedeutet, den eigenen Standpunkt zwar zu vertreten, ohne anderen jedoch abzusprechen, dass sie einen abweichenden Standpunkt besitzen dürfen. Dies schließt die Überzeugung ein, dass ein Streit grundsätzlich etwas Bedeutendes hervorbringen kann, da er alte Normen und Fakten infrage stellt und dabei noch Alternativen parat hält, unabhängig davon, wie nützlich, überholt oder angemessen das Bewährte auch sein mag. Eine wichtige Voraussetzung für eine Streitkultur ist die Einsicht, dass das Bemühen um Konfliktlösungen die Aufgabe aller Beteiligten ist. Nur wenn alle Parteien daran mitwirken, kann eine tragfähige und dauerhafte Lösung erreicht werden. Sicher fällt es manchen von uns schwer, seine Meinung zu sagen oder persönliche Interessen zu vertreten. Aber wer sich damit schwertut, kann im Rahmen der Hilfe zur Selbsthilfe lernen, seine eigenen Interessen zu vertreten, um auf diesem Wege mehr Verantwortung für sich und sein Leben zu übernehmen. In diesem Sinne kann ein konstruktiver Austausch in Selbsthilfegruppen dazu beitragen, dass wir bestehenden Konflikten freier und offener begegnen und diese nicht mehr als Bedrohung empfinden. Probleme und Krisen sind dazu da, dass sie gelöst werden, denn sie sind die Würze unseres Lebens. Sie sind vor allem dazu da, dass man sie schnell klärt, bevor sie weiter eskalieren. Und je positiver unsere Grundhaltung gegenüber Konflikten ist, desto mehr werden wir daran wachsen. Folgende Fragen können bei der Lösung von Konflikten hilfreich sein:

> ➢ Um was geht es wirklich in dem Konflikt?
> ➢ Sind uns seine Ursachen bereits bekannt?
> ➢ Welche Konsequenzen sind mit dem Konflikt verbunden?
> ➢ Wie fühlen sich die betroffenen Personen dabei?
> ➢ Wie ehrlich kommunizieren wir im Rahmen von (Gruppen-)Konflikten?
> ➢ Schauen Sie sich zur vorherigen Frage bitte auch mal den Text über „Radikale Ehrlichkeit" in diesem Buch an.

Toleranz – was ist das eigentlich?

Tolerant sein bedeutet u. a. duldsam, nachsichtig, großzügig und weitherzig zu sein. Doch sind wir das tatsächlich in dem Maße, indem wir es sein wollen? Oder wäre es besser, wenn wir sagen: „Wir arbeiten daran?" Und wenn wir daran arbeiten, dann sind Selbsthilfegruppen ein gutes Beispiel dafür, denn sie sprechen in Bezug auf die Abstinenz immer davon, dass der „Weg das Ziel" ist. Dieser Spruch ist wunderbar, denn er löst, wenn man ihn genau betrachtet, innere Bilder von Bewegung aus, ja sogar von Tempo und Gemeinschaftssinn und von Duldsamkeit und Toleranz. Damit gemeint sind auch Begegnungen, die bewirken, dass wir uns stetig verändern und uns unsere Antworten letztendlich immer nur selbst geben können. Toleranz stellt sich auf unterschiedlichen Ebenen dar, denn sie kann aktiv oder passiv sein. Ihre Unterschiedlichkeit wird erkennbar, wenn wir den jeweiligen Duldungsgrad der Abweichungen eines erlaubten Spielraums betrachten. Das klingt vielleicht erst einmal abstrakt und kompliziert, wird aber verständlich, wenn wir zuerst die passive Toleranz betrachten.

In Bezug auf Sucht verdeutlicht uns das folgende Beispiel die Konsequenzen einer passiven Toleranz: Sucht zeigt uns nämlich auf unverblümte Weise den Unverstand des Lebens. Unverstand vor allem, wenn es um gesellschaftlich akzeptierte, aber auf jeden Fall tolerierte Formen des Trinkens und Missbrauchs von Alkohol und Drogen geht. Wer zum Beispiel mit Jugendlichen arbeitet, weiß, dass der Alkoholkonsum in dieser Lebensphase eine nicht unbedeutende Rolle spielt. Heranwachsende sind z. B. zu unreflektiert, um über den Gewinn nachzudenken, den Tankstellenbesitzer durch den Verkauf von Alkohol erzielen. Sie sind zu jung, um zu verstehen, auf welche Weise sie zum Kauf solcher Getränke animiert werden. Für sie ist das Betrunkensein erst einmal „cool". Es stellt sich jedoch die Frage, inwieweit Erwachsene ein solches Verhalten tolerieren sollten, da der Alkoholkonsum bei Jugendlichen, soweit ein exzessives und unreflektiertes Trinken betrieben wird, äußerst gesundheitsriskant sein kann.

Sprechen Sie in der Gruppe doch einmal über diesen Text und fragen Sie in die Runde, wie man z. B. als Eltern dem Alkoholkonsum Jugendlicher begegnen sollte. Fragen Sie dabei auch, wo die Gruppenmitglieder Grenzen der Toleranz sehen und wo die passive Duldung eines solchen Trinkverhaltens enden sollte. Beziehen Sie sich dabei bitte auch auf die Geschichte Ihres eigenen Trinkverhaltens in Jugendjahren. Was sind Ihre Erfahrungen, wenn es um den Alkoholkonsum heutiger und früherer Jugendgenerationen geht? Wo sehen Sie sich zum Beispiel als Mitglied einer Selbsthilfegruppe gefordert, wenn Sie an das Trinkverhalten der jungen Generation denken? Was können Selbsthilfegruppen darüber hinaus zur Prävention von Suchtgefahren im Jugendalter beitragen? Welche Erfahrungen haben Sie damit vielleicht schon an Schulen oder in Jugendeinrichtungen gemacht?

Offenheit und Nähe[7]

Offenheit kann nur dort entstehen, wo weder Angst vor Nähe noch Ablehnung besteht. Wer das Wohlwollen seiner Gruppe kennt, kann zu den Gruppenmitgliedern Vertrauen aufbauen. Wichtig ist nur, im kommunikativen Austausch auf eine Weise offen zu sein, bei der niemand beleidigt oder verletzt wird. Voraussetzung dafür ist der Wunsch nach Nähe, der ehrlich sein muss. Nähe verletzt nicht, aber sie kann manchmal wehtun. Offenheit ist immer wünschenswert, aber sie berührt eben manchmal tief.

Inwieweit sich Gruppenmitglieder vertrauensvoll begegnen können, verweist auf die Bereitschaft einer Gruppe zur Offenheit. Um sich zu öffnen, sich einzulassen, sich selbst im kommunikativen Austausch wahrzunehmen, bedarf es der „Kunst", sich selbst nah zu sein, sich selbst in seinen unterschiedlichen Schattierungen und Facetten nicht nur wahr-, sondern auch anzunehmen. Nähe zu sich selbst bedeutet, sich selbst ertragen zu können. Wie wir einem Menschen begegnen und auf welche Weise wir mit ihm kommunizieren, liegt u. a. an unserer persönlichen Motivation zur Offenheit und auf welcher Ebene wir einen solchen Austausch praktizieren. Dabei hängt die Qualität der Selbsthilfearbeit stark davon ab, ob wir bereit sind, an uns zu arbeiten und welches Tempo wir dabei anderen Gruppenmitgliedern zugestehen. Voraussetzung dafür ist, dass wir im Gruppenzusammenhang - zumindest im Groben - ein gemeinsames Ziel verfolgen.

> ➤ Wie gehen die Teilnehmer/innen Ihrer Selbsthilfegruppe mit Themen wie „Offenheit" und „Nähe" um?
> ➤ Welche Rolle spielt dabei der Aspekt der gegenseitigen Wertschätzung?
> ➤ Welche Unterschiede stellen die Gruppenmitglieder fest, wenn sie an das Miteinander in der Gruppe oder die Kommunikation in ihrem Alltagsleben denken?
> ➤ Welche Besonderheiten zeichnet dagegen die Kommunikation in Ihrer Gruppe aus?

---

[7] Dieser Text ist dem LEB-Reader „Neue Wege gehen" von 2012 entnommen und stammt von Angelika Kaufmann. Er wurde durch den Autor dieses Buches an einigen Stellen überarbeitet und ergänzt.

Verlässlichkeit ist eine Tugend[8]

Verlässlichkeit ist eine Grundhaltung und eine Tugend, die unserem Zusammenleben eine hohe Qualität gibt. Verlässlichkeit zeigt sich vor allem darin, dass sich andere Menschen, auf das, was man versprochen hat, verlassen können. In der heutigen Zeit gilt zum Beispiel Pünktlichkeit als eine wichtige Eigenschaft. Doch auch in anderen Dingen kann sich Verlässlichkeit ausdrücken, so zum Beispiel in Form von Ehrlichkeit und Vertrauen.

Verlässlich zu sein, setzt als wichtige Grundprägung Motivation und Können voraus, so dass sie nicht im luftleeren Raum steht. Auch lässt sie sich unterschiedlich verorten, sei es auf der persönlichen, sozialen oder christlich-moralischen Ebene.

Auf der persönlichen Ebene kann sie sich entwickeln, wenn zum Beispiel ein Kind in stabilen sozialen Beziehungen aufwächst, in denen Vertrauen und Geborgenheit eine zentrale Rolle spielen und es dort in frühen Jahren gelernt hat, in vielen Dingen des Alltags zuverlässig zu sein. Der Persönlichkeits- und Charakterentwicklung eines Menschen kommt hier eine besondere Rolle zu.

Auf der sozialen Ebene wird Verlässlichkeit durch unterschiedliche Rahmenbedingungen geprägt, die uns umgeben und beeinflussen. Dies bedeutet, wir müssen Verlässlichkeit erst einmal verstehen lernen, wobei die Regeln dazu begründet sein müssen. Jedoch dürfen die Rahmenbedingungen verlässlichen Handelns keinesfalls willkürlich gesetzt oder von oben verordnet werden, denn Verlässlichkeit braucht Selbsterkenntnis, so dass eine selbst gewollte Motivation entstehen kann. Unter erzieherischem Zwang jedoch eine solche Haltung zu erzeugen, würde den inneren Willen brechen und die Echtheit verlässlichen Handelns untergraben. Sie wäre dann auch nicht mehr authentisch, sondern aufgesetzt und mit Druck moralisch kodiert. Nur wenn sie wirklich gewollt und Teil der freien persönlichen Motivation ist, kann sie authentisch sein. In christlich-moralischer Hinsicht entspricht Verlässlichkeit einer Tugend oder einem sittlichen Handeln und hat für gläubige Menschen eine hohe Bedeutung.

Schauen Sie sich dazu bitte den Text auf der nächsten Seite an, da dort Vorschläge zur näheren Diskussion dieses Themas gemacht werden.

---

[8] Dieser und der folgende Text aus dem Reader „Neue Wege gehen" von Anne Schröder-Sternberg wurden an einigen Stellen vom Autor dieses Buches überarbeitet und ergänzt.

Vorschläge zur Gruppendiskussion zum Thema „Verlässlichkeit"

1. Im Brainstorming hat jedes Gruppenmitglied die Möglichkeiten, zu benennen, was es mit dem Begriff „Verlässlichkeit" verbindet. Dies kann dadurch erfolgen, dass die genannten Begriffe schriftlich festgehalten werden, um sie anschließend im Rahmen der Diskussion zur Verfügung zu haben.

2. Möglich ist auch ein Rundgespräch zu der Frage: Warum geht mir ein „Jain" oftmals schneller über die Lippen, als ein klares „Ja" oder „Nein"? In welchen Situationen sagen wir zum Beispiel „Ja", in welchen „Nein"?

3. Durch welche unserer Ausreden machen wir uns zum Beispiel zum Spielball der anderen? Wo sind wir in unseren Aussagen unklar und angreifbar? Was hat dieses unklare Verhalten möglicherweise mit unserer Sucht zu tun? Wie können wir in unseren Aussagen klarer und deutlicher werden, um unsere Meinung konkreter und systematischer auszudrücken?

4. Eine weitere Gruppenübung kann sich auf Wortspiele, Worterklärungen oder Wortverwandtschaften beziehen, z. B. auf folgende Begriffe: „Verlässlichkeit", „sich verlassen können", „verlassen werden", „Aufrichtigkeit", „Gradlinigkeit", „Tugend", „Selbstwert", „Selbstwahrnehmung", „Echtheit".

5. Eine weitere Möglichkeit ist eine Gruppendiskussion über das Thema: „Wie erleben wir die Tugend der Verlässlichkeit in unserem Alltag?"

Weitere Fragen zur Diskussion:

> Was hat sich nach Ihrer Meinung durch den gesellschaftlichen Wandel in Bezug auf den zwischenmenschlichen Aspekt der Verlässlichkeit allgemein verändert?
> Inwieweit spielt dabei die Schnelllebigkeit im Alltagsleben eine Rolle?
> Was hat Verlässlichkeit mit dem Prinzip „Verantwortung" zu tun, das in Teilen der Gesellschaft zunehmend an Bedeutung verliert?
> Wie betrachten wir Verlässlichkeit und Verantwortung in Bezug auf unsere Gruppenleben?
> Und worin unterscheidet sich unser Gruppenleben in seinem sozialen Miteinander von dem, was wir außerhalb der Gruppe erleben?

Echtheit – Authentizität

Das Ziel des Lebens ist Selbstentfaltung. Seine eigene Natur vollkommen zu verwirklichen, dafür ist jeder von uns da.
(Oscar Wilde, irischer Schriftsteller)

Es ist nie zu spät, so zu sein, wie man es gerne gewesen wäre.
(George Eliot, eigentlich Mary Anne Evans, englische Schriftstellerin)

Menschen verlieren wie Nägel ihren Nutzen, wenn sie anfangen, sich zu verbiegen.
(Walter Savage Landor, englischer Dichter und Schriftsteller)

Finde dich, sei dir selber treu, lerne dich verstehen, folge deiner Stimme, so kannst du das Höchste erreichen.
(Bettina von Arnim, deutsche Schriftstellerin)

Den Lebenszweck kann man so bestimmen: Entwickle Dein Selbst, arbeite das, wozu Du befähigt bist.
(Thomas Carlyle, schottischer Essayist und Historiker)

Wer einmal sich selbst gefunden, der kann nichts auf dieser Welt verlieren.
(Stefan Zweig, österreichischer Schriftsteller)

Vollkommene Aufrichtigkeit ist der Weg zur Originalität.
(Charles Baudelaire, französischer Schriftsteller und Lyriker)

Sobald Du merkst, dass Du Dich im Kreis drehst, ist es an der Zeit, aus der Reihe zu tanzen.
(unbekannt)

Sei immer Du selbst. Trage keine Maske, nur weil andere Dich nicht so sehen wollen, wie Du wirklich bist.
(Horst Bulla, deutscher Dichter)

Jedes Wesen kann nur in seiner Eigenheit gut sein.
(Sophokles, Dichter in der Zeit der Griechischen Klassik)

Es ist nur ein Weg, glücklich zu werden, nämlich der, der Stimme seines Gefühls, seines Herzens zu folgen.
(Luise von Mecklenburg-Strelitz, Königin von Preußen)

Die Stimme der Weisheit ist leise[9]

Die Stimme der Weisheit ist leise, denn sie macht nicht so viel Lärm wie das Recht haben-Wollen. Wir müssen im Gruppenprozess gut hinhören, müssen Herz und Ohren öffnen, den anderen spüren, um zu erfahren, was er uns tatsächlich zu sagen hat, was er uns zwischen seinen Worten anvertraut.

Ich höre nicht weg, ich höre nicht über, ich höre Dir zu! Ich rede nicht weg, ich rede nicht über, ich spreche vom Ich und Du! Ich sehe nicht weg, ich sehe nicht über, ich sehe mit meinem Herzen zu Dir herüber.

Dazu gehört Mut - oder anders gesagt - Stärke. Doch wenn wir zu unseren Stärken genauso wie zu unseren Schwächen stehen, können wir auch zu dem stehen, was wir sagen, tun und fühlen. Aus unseren Erfahrungen heraus können wir die Spreu vom Weizen trennen und wissen, wem gegenüber wir uns öffnen wollen.

Offenheit beinhaltet in hohem Maße eine positive Einstellung zu den Dingen und zu uns selbst. Wer sich schuldig fühlt, dem fällt es schwerer, sich zu öffnen, als denjenigen, denen das Prinzip von Ursache und Wirkung vertraut ist.

Die Stimme der Weisheit ist leise, denn sie macht nicht viel Lärm, aber sie muss ihre Stimme erheben, um im Kommunikationsprozess gehört zu werden. Wer aber Vertrauen zu sich hat, wird im Austausch mit anderen nicht davor zurückschrecken, offen über sich zu reden. Im Laufe der Zeit wird er lernen, konstruktive Kritik zu üben und damit nicht hinterm Berg zu halten. Auch dies ist ein wichtiger Aspekt der Offenheit und des vertrauensvollen Miteinanders.

Es ist gleichzeitig eine wichtige Form des aufrichtigen Umgangs, um gegenseitiges Vertrauen aufzubauen. Dies setzt Kritikfähigkeit voraus, die es für Betroffene und Mitbetroffene zu lernen und praktizieren gilt. Die Gruppe, soweit sie dazu bereit ist, bietet für ein solches Handeln beste Voraussetzungen, denn sie ist ein gutes Lernfeld für die Kommunikations- und Konfliktfähigkeit aller Gruppenmitglieder.

> ➢ Wenn Sie auf den Anfang Ihrer Teilnahme als Mitglied einer Selbsthilfegruppe zurückschauen, wie sah es mit Ihrer Kommunikationsfähigkeit aus?
> ➢ Inwieweit hat sich Ihr Kommunikationsverhalten im Laufe der Zeit verändert?
> ➢ Welchen Einfluss nimmt die Teilnahme an einer Selbsthilfegruppe auf Ihr Kommunikationsverhalten im Alltag?

---

[9] Der Text stammt aus dem LEB-Reader „Neue Wege gehen" von Angelika Kaufmann und wurde vom Autor dieses Buches inhaltlich überarbeitet und ergänzt.

Schublade auf, Schublade zu

Vorurteile schließen die Türen, da sie meist negativer Natur sind. Es handelt sich um Zuschreibungen, die zum Beispiel einer Person vor einer umfassenden Abklärung zuteilwird, ohne dass man zu diesem Zeitpunkt genügend über sie weiß. Und wer möchte schon *verurteilt* werden, bevor er sich nicht in seiner ganzen Vielfalt darstellen kann? Aber selbst dann stellt sich eine solche Zuschreibung noch immer schwierig dar. Keiner will zwar Vorurtele haben, aber jeder hat sie, irgendwie: Schublade auf, Meinung rein, Schublade zu. Vorurteile *erleichtern* die Denkarbeit. Um effektiv Informationen zu bearbeiten, sind wir oft dabei, sie zu vereinfachen. Dies geschieht, da wir Menschen in bestimmte Gruppen einordnen und das Wissen abrufen, das wir über sie haben bzw. zu haben meinen. Ein Vorurteil wirkt hier wie ein Filter, der die eigene Wahrnehmung beeinflusst. Informationen, die in das eigene Schema passen, schenkt man allgemein mehr Aufmerksamkeit. Und das erst recht, wenn sie negativer Natur sind. Aber muss das immer so sein?

Im Rahmen der Selbsthilfearbeit haben sich für viele Gruppenmitglieder in den Jahren der Mitgliedschaft zahlreiche Türen geöffnet, da sie gelernt haben, mit negativen Dingen anders umzugehen. Sie sind möglicherweise toleranter geworden und haben gelernt, dass man sich durch die vorschnelle Beurteilung eines Menschen auch irren kann. Führen wir uns als Beispiel dazu folgenden Sachverhalt vor Augen: Was werden wir anschließend von einem Menschen denken, den wir aufgrund bestimmter Vorinformationen bisher negativ beurteilten, wenn wir mit ihm fünf Stunden in einem Fahrstuhl feststecken und er uns in dieser Zeit seine ganze Lebensgeschichte erzählt?

> ➤ Wie sind Sie in früheren Zeiten mit Vorurteilen umgegangen (z. B. in der nassen Phase der Sucht)?
> ➤ Was haben Sie dafür getan oder tun es immer noch, um vorurteilsfreier zu denken und zu handeln?

Bedeutsamkeit erleben[10]

Es sind nicht immer die großen Ereignisse und Erfolge, die unserem Leben Bedeutsamkeit geben, sondern

- die (nach außen vielleicht) kleineren Begebenheiten und Erfahrungen, die sich in unserer Erinnerung und unserer Persönlichkeit einprägen;
- die subjektive Erfahrung, dass ich die Bestätigung gefunden habe, was meine „Aufgabe" in diesem Leben ist. Wichtiger noch: die Erfahrung, dass ich von anderen Menschen wahrgenommen werde, die mir wichtig sind.

Jeder Mensch hat das tief empfundene Bedürfnis, das eigene Leben sinnvoll zu gestalten, sich in einem Bedeutungszusammenhang und auf eine Perspektive hin zu entwickeln. Sinnhaftigkeit wird erlebt, wenn wir in unseren verschiedenen Lebensbezügen fühlen und erkennen, worum es im Wesentlichen geht und wir uns daraufhin ausrichten können. Sinn kann nicht konstruiert oder verordnet werden, wir müssen ihn für uns entdecken: in einer Sache, einer Handlung, einer Aufgabe und im aktiven Weltbezug. In einem solch existenziellen Verständnis ist Sinn individuell und situationsbezogen. Er erfüllt sich in unserer intentionalen Orientierung auf unsere Werte hin.

Gemeint sind hier die Werte des uns Bedeutsamen und unsere inneren Motive und Ziele, in denen wir uns erkennen und für die wir eintreten. Existenzieller Sinn entfaltet sich - oft erst in der Rückschau sichtbar - in der aktiven Gestaltung unseres Lebens entlang dieser Wertentscheidungen als eine Kontinuität der Selbsttreue. Dieser dem Menschen innenwohnende „Wille zum Sinn" (Viktor E. Frankl) ruft uns zur Verantwortung uns selbst gegenüber auf. Er begründet unser personales Wollen und unsere entschiedene Handlungsbereitschaft in der Begegnung mit der uns umgebenden Welt und den gegebenen Bedingungen. Erst in diesem Zusammenhang wird uns unsere Bedeutsamkeit stärker bewusst, auch wenn wir sie in manchen Zeiten nicht gesehen oder sogar verleugnet haben. In diesem Sinne ist jeder Mensch wertvoll und einzigartig.

> ➢ Sprechen Sie in der Gruppe doch einmal darüber, was die Gruppenmitglieder bedeutsam an sich finden.
> ➢ In einer weiteren Runde sucht jeder einen Gesprächspartner, mit dem er sich 10 Minuten über dieses Thema austauscht.

---

[10] Dieser Text stammt aus dem LEB-Reader „Neue Wege gehen" von Erwin Vartmann und wurde vom Autor dieses Buches überarbeitet.

Ein glückliches Bewusstsein

Jeder wünscht es sich, doch die wenigsten behaupten es wirklich zu haben: Glück. Dabei ist es häufig nur eine Frage der Wahrnehmung. Es gibt sogar Anleitungen zum Glücklich-Sein. Manche Menschen behaupten sogar, das Glück gepachtet zu haben, wobei sich andere wünschen, dass sie es hätten. Im Grunde muss zunächst die Frage beantwortet werden, was Glück eigentlich ist, um diesem Phänomen auf die Spur zu kommen. Der französischen Schriftsteller Maurice Barrés (1826 bis 1923) schrieb dazu: „Das Glück ist im Grunde nichts anderes als der mutige Wille, zu leben, indem man die Bedingungen des Lebens annimmt."

Der griechische Philosoph Aristoteles behauptete, dass das Glück das vollkommene und selbstgenügsame Gut und Endziel menschlichen Handelns sei. Zuvor mahnte ein anderer griechischer Philosoph namens Platon, dass der Mensch nur glücklich sein könne, wenn sich Vernunft, Wille und Begehren im Gleichgewicht befinden. Heute vertritt man die Ansicht, dass jeder seines Glückes Schmied und Glück ein Zusammenspiel von bewusst getroffenen Entscheidungen und Zufällen ist. In der Glücksforschung unterscheidet man, grob betrachtet, zwei Glücksarten, zu denen das *Lebensglück* und das *Zufallsglück* gehören. Das Lebensglück wird vor allem von Faktoren wie Familie, Liebe, Beruf, Finanzen und Freizeit beeinflusst. Dies sind Aspekte, die wir teils selbst beeinflussen können und die teils von der Gesellschaft abhängig sind. Das Lebensglück kann auch als eine Art des seelisch-körperlichen Wohlfühlens begriffen werden. Dies ist zum Beispiel der Fall, wenn man sich in seinem Innersten und seiner sozialen Umgebung zuhause fühlt, einen guten Freundeskreis hat oder mit seiner Familie sorgenfrei lebt. In der modernen Psychologie wird das Lebensglück als ein harmonisches Zusammenwirken aller Gefühle beschrieben und als stabile Persönlichkeitseigenschaft betrachtet. Bleibt noch das Zufallsglück: Dieses lässt sich, wie der Name schon sagt, nicht beeinflussen. Es ist das ganze Leben lang von Bedeutung und kommt plötzlich und unerwartet. Heinrich Heine (1797 bis1856) formulierte es einst so: „Es küsst dich rasch und flattert fort."

> ➤ Welche Bedeutung haben z. B. Träume und Wünsche, wenn es um das Thema „Glück" geht?
> ➤ Wie sieht es bei Ihnen mit glücklichen Momenten im Kleinen aus?
> ➤ Was macht Sie vor allem im Alltag glücklich?
> ➤ Was ist im Laufe der Abstinenz für Sie besonders wichtig geworden, wenn es um Ihr persönliche Glück geht?

Zitate zum Thema „Glück"

Das Geheimnis des Glücks liegt nicht im Besitz, sondern im Geben. Wer andere glücklich macht, wird glücklich.
(André Gide, französischer Schriftsteller)

Glück ist kein Geschenk der Götter, sondern die Frucht innerer Einstellung.
(Erich Fromm, deutsch-US-amerikanischer Psychoanalytiker, Philosoph und Sozialpsychologe)

Mut steht am Anfang des Handelns, Glück am Ende.
(Demokrit, griechischer Philosoph)

Glück ist Selbstgenügsamkeit
(Aristoteles, griechischer Philosoph und Naturforscher)

Menschliches Glück stammt nicht so sehr aus großen Glücksfällen, die sich selten ereignen, als vielmehr aus kleinen glücklichen Umständen, die jeden Tag vorkommen.
(Benjamin Franklin, amerikanischer Schriftsteller, Naturwissenschaftler, Erfinder und Staatsmann)

Es gibt kaum ein beglückenderes Gefühl, als zu spüren, dass man für andere Menschen etwas sein kann.
(Dietrich Bonhoeffer, lutherischer Theologe)

Das ganze Glück des Menschen besteht darin, bei anderen Achtung zu genießen.
(Blaise Pascal, französischer Mathematiker, Physiker, Literat und christlicher Philosoph)

Wenn du einen Menschen glücklich machen willst, dann füge nichts seinem Reichtum hinzu, sondern nimm' ihm einige von seinen Wünschen.
(Epikur von Samos, griechischer Philosoph)

Die wahre Freude entsteht aus einer tiefen Harmonie zwischen den Menschen, die wir in unseren Herzen empfinden, und die uns die Schönheit der Zusammengehörigkeit, der gegenseitigen Unterstützung auf dem Weg des Lebens spüren lässt.
(Papst Franziskus)

Gruppenziele nicht aus den Augen verlieren

„Die größte Gefahr besteht für die meisten von uns nicht etwa darin, ein Ziel zu hoch anzusetzen und zu scheitern, sondern es zu niedrig anzusetzen und es zu erreichen." (Michelangelo)

Hat Ihre Gruppe vielleicht schon einmal darüber nachgedacht, wie sie ihre Ziele formuliert? Handelt es sich dabei um konkrete und schriftlich fixierte Ziele, die so formuliert sind, dass eindeutig klar ist, ob und wann sie erreicht werden können? Oder sind die Ziele oftmals nur vage formuliert?

Wichtig ist, dass eine Gruppe weiß, was sie konkret will. Daher lohnt es sich, nicht nur über Ziele zu reden, sondern sie auch schriftlich festzuhalten. Je häufiger und deutlicher die Gruppe sich ihre Ziele vor Augen führt, desto mehr prägen sie sich ins Bewusstsein der Gruppenmitglieder ein. Wie oft haben Sie zum Beispiel bereits gute Ideen beiseitegeschoben, weil dies in den Augen der Gruppenmitglieder zu unrealistisch waren oder nichts taugten? Wichtig ist jedoch, Visionen über seine Ziele zu haben und an sie zu glauben. Denken wir nur an die Veränderungen, die in den letzten Jahren in den Selbsthilfegruppen auf unterschiedlichen Ebenen eingetreten sind und wie sie praktisch in Angriff genommen wurden.

Dazu erscheint es hilfreich, darüber nachzudenken, was die Gruppe bereits erreicht hat und auf welche Resultate sie stolz sein kann. Dies können z. B. Herausforderungen sein, die im Rahmen der Gruppenarbeit gemeistert wurden. Wenn wir uns größere Ziele setzen und systematisch unser Selbstvertrauen stärken, dann werden Dinge möglich, die wir bisher für unmöglich gehalten haben. Leider sind wir aber oft viel zu schnell mit dem Wort „unmöglich". Denken wir noch einmal zurück: Haben wir im Leben nicht schon viele Dinge erreicht, die uns zunächst unmöglich erschienen? Ziele sind wichtig, weil sie der Gruppenarbeit eine Richtung geben und weil sie die Gruppenmitglieder dazu motivieren, sie nach und nach umsetzen.

Halten Sie im Rahmen einer Diskussion doch einmal fest, was Sie im letzten oder in diesem Jahr in der Gruppe erreicht haben. Lassen Sie dabei die wichtigsten Entwicklungen noch einmal Revue passieren. Fragen Sie in einem weiteren Schritt danach, welche Ziele die Gruppe in naher Zukunft anstrebt und wie diese erreicht werden können. Halten Sie die Ziele schriftlich fest und führen Sie sich diese in weiteren Gruppensitzungen vor Augen. Je öfter Sie an solchen Zielen arbeiten, desto erfolgreicher wird die Umsetzung neuer Vorhaben sein. Arbeit am Flipchart und an der Pinnwand im Rahmen der Kartenabfrage bietet sich hier als Methode an. Machen Sie die Ergebnisse und Vorhaben auf jeden Fall sichtbar, so dass sie alle Gruppenmitglieder verfolgen und diskutieren können.

Die Selbsthilfe wetterfest machen...

 Suchtselbsthilfegruppen werden heute mit vielschichten Veränderungen konfrontiert. Dazu gehören neue Süchte, veränderte Ansprüche seitens der Gruppenmitglieder an die Arbeit der Selbsthilfegruppe, aber auch innovative Formen der Kooperation mit unterschiedlichen Institutionen der Suchthilfe.

Wenn es darum geht, die Selbsthilfe für die nahe Zukunft *wetterfest* zu machen, steht die Frage im Raum, wie ein solcher Prozess gestaltet werden kann. Es macht daher Sinn, ein solches Thema nicht auf die lange Bank zu schieben, sondern zu schauen, wie es gezielt in Angriff genommen werden kann. Dabei bietet sich an, erst einmal Bilanz zu ziehen, um zu schauen, was sich an Arbeitsstrukturen bewährt hat und auch in naher Zukunft noch Bestand haben kann. In einem nächsten Schritt könnte in Augenschein genommen werden, was konkret verändert oder überholt werden soll. Als Hilfestellung soll die obige Grafik eines Hauses dienen, dessen Wände, Fenster, Türen, Dachstuhl mit verschiedenen Begriffen versehen werden können, die sich auf die Arbeit Ihrer Gruppe und möglichen Prozess der Umgestaltung beziehen. So könnten Sie zum Beispiel in blauer Schrift solche begrifflichen Zuordnungen eintragen, die sich auf die Erhaltung bestimmter Inhalte und Strukturen der Gruppenarbeit beziehen. In einer anderen Farbe können Sie dann diejenigen Inhalte und Strukturen benennen, die verbessert und vielleicht sogar neugestaltet werden sollen, um das Haus der Selbsthilfe wetter- und zukunftsfest zu machen. Sie können die begrifflichen Zuschreibungen erst einmal im Sinne eines Brainstormings im Gruppenzusammenhang sammeln und auf Kärtchen schreiben. Danach können Sie mit der Systematisierung der Aussagen beginnen, um eine konkrete Struktur für das weitere Vorgehen zu erarbeiten. Im Anschluss daran sollten Sie diskutieren, wie und wann Sie mit der *Renovierung* Ihres Hauses der Selbsthilfe beginnen wollen.

Literaturempfehlungen

Alexander Batthyány (2017): Die Überwindung der Gleichgültigkeit: Sinnfindung in einer Zeit des Wandels. München: Kösel Verlag.

André Comte-Sponville (2010): Ermutigung zum unzeitgemäßen Leben: Ein kleines Brevier der Tugenden und Werte. Reinbek bei Hamburg: Rowohlt Verlag.

André Comte-Sponville (2012): Glück ist das Ziel, Philosophie der Weg: Mit Zeichnungen von Sempé. Zürich: Diogenes Verlag.

Erich Fromm (2011): Vom Haben zum Sein: Wege und Irrwege der Selbsterfahrung. München: Ullstein Verlag.

Erich Fromm (2017): Authentisch leben. Freiburg im Breisgau: Herder Verlag.

Jan Geurzt (2007): Suchtfrei - Die Illusion durchschauen: Eine neue Methode ohne Entzugserscheinungen. Güllesheim: Silberschnur Verlag.

Werner Gross (2002): Hinter jeder Sucht ist eine Sehnsucht: Die geheimen Drogen des Alltags. Freiburg: Herder Verlag.

Marlies Gruber (2015): Mut zum Genuss: Warum uns das gute Leben gesund und glücklich macht. Wien: edition a.

Anselm Grün (2017): Wertschätzung. Die inspirierende Kraft der gegenseitigen Achtung. Freiburg im Breisgau. Vier-Türme Verlag.

Armin Heller (2001): Einfach leben und Veränderungen annehmen. Gütersloh. Gütersloher Verlagshaus.

Burkhard Kastenbutt/Heinz-Werner Müller (2016): Alkoholabhängigkeit, Abstinenz und Suchtselbsthilfe. Norderstedt.

Tineke Osterloh (2017): Stark im Wandel: Lebensveränderungen annehmen und aktiv gestalten. München: GU Verlag.

Barbara Sher (2011): Ich könnte alles tun, wenn ich nur wüsste, was ich will. München: Deutscher Taschenbuch Verlag.

Voltaire (2015): Über die Toleranz. Berlin: Suhrkamp Verlag.

Manfred Zentgraf (1998): Wege entstehen, wenn wir sie gehen. Hundert Worte über den Weg. München: Verlag Neu

Wertschätzung, gegenseitige Achtung und Selbstachtung in der Abstinenz

Wertschätzung ist wie ein Geschenk

Wertschätzung ist wie ein Geschenk, das wir unseren Gegenübern machen, wobei unsere Umgangsformen wie eine Verpackung sind, in der wir ein Präsent überreichen. Erst durch die Art und Weise, wie wir mit anderen Menschen kommunizieren, wird unsere persönliche Einschätzung ersichtlich. Dieses Bild widerlegt auch die Argumente vieler Umgangsformengegner, die Stil und Etikette mit Floskeln und leeren Hülsen gleichsetzen. Jedoch verkommt die Form der Wertschätzung leicht zur Fassade, wenn sie ohne Inhalt und dahinterstehende Werte ist. Authentische Wertschätzung ohne Umgangsformen ist wie ein Geschenk, das in einer abgewetzten Einkaufstasche überreicht wird und bei dem jeder spürt, dass die Form zwar eingehalten wird, aber die Werte dahinter fehlen.

Und nicht nur mit Worten, sondern auch mit den Gebärden unserer Körperhaltung und unserem Gesichtsausdruck signalisieren wir anderen Menschen, wie wir zu ihnen stehen. Wer anderen Menschen Wertschätzung entgegenbringt, schafft eine gute Basis für intensive und zuverlässige Beziehungen.

Der Mensch ist ein soziales Wesen, das Identität aus der Interaktion bzw. Kommunikation mit anderen Menschen gewinnt. Ohne eine solche soziale Bezogenheit fällt es ihm schwer, sich selbst einzuschätzen und sein Wertempfinden über längere Zeit aufrechtzuerhalten. So muss er von anderen Menschen immer wieder neu gespiegelt und bestätigt werden. Molière, ein französischer Komödiendichter und Schauspieler am Hofe Ludwig XIV. (des „Sonnenkönigs") sagte einst: „Die Dinge haben den Wert, den man ihnen verleiht." Diese Aussage trifft auch auf unsere Beziehungen zu und bedeutet: Es liegt in unserer Hand, nicht nur Dingen, sondern auch Mitmenschen eine Bedeutung zu geben und sie dadurch wertvoll zu machen. Und gerade diese Werte gilt es in der Abstinenz zu erkennen und schätzen zu lernen. Wenn unser Gegenüber ein Spiegel unseres sozialen Verhaltens ist, dann hat er für unser Denken und Handeln einen bestimmten Stellenwert, was darüber hinaus auch Auswirkungen auf unsere Selbstwahrnehmung und unser Selbstbewusstsein hat.

> ➢ Welche Rolle schreiben Sie dem Thema „Wertschätzung" in der Gruppenarbeit zu?
> ➢ Welche Bedeutung hat das Thema im Rahmen Ihres abstinenten Lebens, wenn es darum geht, andere Menschen aktiv wertzuschätzen?
> ➢ Wie wichtig ist es für Ihr Selbstbewusstsein, im Alltag von anderen Menschen (Partner/in, Verwandte, Freunde, Kollegen etc.) wertgeschätzt zu werden?

Zitate zum Thema „Wertschätzung"

Wer wertschätzen kann, hat verstanden, was Zufriedenheit ist.
(unbekannter Autor)

Ein jeder ist so viel wert, als die Dinge wert sind, um die es ihm ernst ist.
(Marc Aurel, römischer Kaiser und als Philosoph

Es gibt Menschen, deren einmalige Berührung mit uns für immer den Stachel in uns zurücklässt, ihrer Achtung und Freundschaft wert zu bleiben.
(Christian Morgenstern, deutscher Dichter und Schriftsteller)

Heutzutage kennen die Leute von allem den Preis und von nichts den Wert.
(Oscar Wilde, irischer Schriftsteller)

Wer wahren Wert nicht kennt, nimmt das Wichtige für unwichtig und das Unwichtige für wichtig.
(Lü Buwei, chinesischer Kaufmann, Politiker und Philosoph)

Das sittliche Handeln und die sittliche Wertschätzung ist von dem Glauben an die Existenz eines Gottes unabhängig.
(Immanuel Kant, deutscher Philosoph)

Schmeicheleien kommen aus den Zähnen. Herzliche Wertschätzung aus dem Herzen.
(Dale Carnegie, US-amerikanischer Kommunikations- und Motivationstrainer)

Wer ein gutes Gewissen hat, der braucht sich um den Verlust der Wertschätzung der anderen nicht zu kümmern.
(Arthur Schopenhauer, deutscher Philosoph, Autor und Hochschullehrer)

Echte Kultur offenbart sich in der Wertschätzung der Persönlichkeit.
(Paul de Lagarde, deutscher Kulturphilosoph und Orientalist)

Möglichkeiten der Wertschätzung

Es gibt mehrere Möglichkeiten, einem Menschen Wertschätzung zu vermitteln. Dies ist davon abhängig, wie man eine Person kennt, der man ein solches Zeichen der Anerkennung zukommen lassen möchte. Hier einige mögliche Zeichen, mit denen man seinem Gegenüber Wertschätzung zeigen kann:

Ein Lächeln

Menschen, mit denen man nicht kann, schenkt man in der Regel kein Lächeln. Ein Lächeln, das Wärme und Sympathie vermittelt ein Zeichen der Wertschätzung ist.

Die Hand reichen

Die Hand geben kann ein Zeichen der Wertschätzung sein. Mit einem Händedruck verringert man die Distanz.

Eine Umarmung

Eine herzliche Umarmung durchbricht jede Distanz. Sie zeigt dem anderen: „Ich mag dich besonders!" Menschen, denen man eine Umarmung schenkt, stehen einem üblicherweise sehr nahe.

Kleine Überraschungen

Kleine positive Überraschungen können auch Wertschätzung schenken. Wir Menschen werden gerne überrascht. Sei es ein kleines Geschenk, ein Anruf oder was auch immer. Es zeigt dem anderen, dass man an ihn gedacht hat.

Glückwünsche

Sei es der Geburtstag oder ein anderer Jubeltag. Ein Anruf, eine Glückwunschkarte oder was auch immer. Wir zeigen damit, dass wir einen Menschen wertschätzen.

Wechselnde Grußformeln in der Korrespondenz

Mit dem schnellen Medium E-Mail gibt es eine gute Möglichkeit, dem Empfänger seine Wertschätzung zu zeigen, indem man statt der üblichen Standardgrußformel „Mit freundlichen Grüßen" wechselnde Grußformeln verwendet. Das vermittelt dem Empfänger, dass man sich Zeit für ihn genommen hat.

Abstinenz als Chance

 Bei dem römischen Philosophen Seneca findet sich folgender Satz: „Wer vor den Spiegel tritt, um sich zu ändern, der hat sich schon geändert." Dabei könnte man mit Sokrates antworten, dass Selbsterkenntnis etwas mit praktischer Tüchtigkeit zu tun hat. Dies bedeutet, dass der, der sich verändern will, auch handeln muss. „Was ich bin, lehrt mich die Not erkennen", schrieb einst William Shakespeare. Diese Not, von der hier die Rede ist, kann sich in unterschiedlicher Form ausdrücken, wozu Krankheit und Elend gehören. Auch die Alkoholkrankheit hat Betroffene und Mitbetroffene an eine bestimmte Grenze ihres Lebens gebracht, so dass von einer *Grenzerfahrung* gesprochen werden kann. Bei einer Grenzerfahrung handelt es sich um ein Ereignis oder einen Lebenseinschnitt, bei dem ein Mensch extrem hohe psychische und/oder körperliche Belastung erfahren hat und an seine Grenzen gestoßen ist. Mit dem Grenzerlebnis geht jedoch eine innere Verwandlung einher, denn der Mensch wird ein anderer als zuvor. Er hat eine Schwelle überschritten und tritt in eine neue Lebensphase ein. Er erlangt nach und nach eine andere Sicht der Dinge, so dass neue Lebenswerte und Bedeutsamkeiten in Erscheinung treten können.

In diesem Sinne ist die Sucht als Grenzerfahrung nicht nur negativ zu werten, denn sie birgt die Chance, dass mit der Kapitulation vor dem Suchtmittel und dem Beginn der Abstinenz eine Neuausrichtung des Lebens möglich wird.

Mit der hilfreichen Unterstützung durch eine Selbsthilfegruppe wachsen die Chancen auf eine zufriedene Abstinenz. In diesem Sinne spielt die Gruppe eine zentrale Rolle, wenn es um das Wiedererlangen von Eigenverantwortung und Selbstvertrauen geht. Sie kann daher zu einem bedeutenden kritischen Spiegel werden, in dem sich Betroffene erkennen und ihr Leben verändern können. Wer sich auf den abstinenten Weg begibt, muss durch sich hindurch. Und im Rahmen der Hilfe zur Selbsthilfe kann er lernen, seinen abstinenten Weg zielgerichtet zu beschreiten.

> ➢ Inwieweit haben Sie Ihre Suchterkrankung, zumindest in der letzten Phase der Abhängigkeit, als Grenzerfahrung erlebt?
> ➢ Welche Bedeutung hatte die Sucht für Ihren abstinenten Weg?

Umgang mit Veränderungen

Alles ist im Fluss, alles verändert sich ständig. Auch unsere Lebensbedingungen und die Menschen um uns herum verändern sich im Laufe der Zeit. Ob es uns gefällt oder nicht, es ist so. Wir müssen lernen, mit Veränderungen umzugehen und mit ihnen Schritt zu halten, und das auch noch nach Jahren der Abstinenz.

Manche der erwähnten Veränderungen sind vorhersehbar, sodass wir uns auf sie einstellen und an sie gewöhnen können. Andere Veränderungen kommen überraschend und unerwartet, denn sie treffen uns unvorbereitet. Wir werden dabei quasi ins kalte Wasser gestoßen und müssen erst einmal schwimmen lernen, wollen wir nicht untergehen. Veränderungen, so merkwürdig es klingt, sind das einzig Beständige in unserem Leben. Es sind Elemente, die wir weder vermeiden noch verhindern oder vor denen wir ausweichen können. Veränderungen bedeuten Bewegung und Leben. Kein Mensch kann sich davor erfolgreich und dauerhaft schützen.

Wir alle wissen aus unserer Suchtkrankengeschichte, wie schwer es ist, mit Veränderungen umzugehen. So hat es bei vielen von uns lange gedauert, bis wir vor dem Alkohol, einem Medikament oder einer Droge kapituliert haben. Um abstinent zu leben, mussten wir erst einmal den „Schalter umlegen", um uns aus den Verstrickungen der Sucht zu lösen. Dies erfordert Mut zur Veränderung.
Aber auch in der Abstinenz und in den sich wandelnden Lebensprozessen wird dieser Mut immer wieder von uns verlangt. Unsere Aufgabe sollte daher darin bestehen, mit unerwünschten Veränderungen konstruktiver und gelassener umzugehen. Gerade dadurch können wir Vertrauen zu uns und unserem Leben gewinnen und dabei näher wahrnehmen, dass solche Prozesse eben nicht nur negativ zu werten sind, da damit immer auch Chancen für eine Neuausrichtung des Lebens einhergehen.

> ➢ Über welche positiven Veränderungen im Rahmen Ihres abstinenten Lebens können Sie berichten?
> ➢ Was haben Sie vor allem im Umgang mit unerwarteten Veränderungen gelernt?
> ➢ War es schwierig, sich solchen Veränderungen zu stellen?
> ➢ Mussten Sie Mut aufbringen, um solche Prozesse anzunehmen?
> ➢ Würden Sie Veränderungen in Ihrem Leben als Chance begreifen?
> ➢ Inwieweit sind Sie im Umgang mit Lebensveränderungen innerlich gewachsen?
> ➢ Oder haben Sie bestimmte Veränderungen im Leben als einen Rückschritt erlebt?
> ➢ Welche Beispiele fallen Ihnen zu dem Thema „Lebensveränderungen" ein?
> ➢ Schauen Sie sich bitte dazu auch die Fragen auf der kommenden Seite an.

Fragen zum Thema „Veränderungen"

Was ist mein vorrangiges Ziel in Bezug auf mein abstinentes Leben, um Veränderungen herbeizuführen? (Bitte in Stichworten oder kurzen Sätzen beantworten)

_____

_____

Um dieses Ziel eigenverantwortlich anzugehen, welche Veränderungen sind dazu in meinem Alltag/ meinem Verhalten / meiner Lebensplanung wichtig?

_____

_____

Warum bin ich diesen Schritt nicht bereits gegangen? Was hinderte mich bislang daran, dies zu tun? Was spricht ggf. dagegen?

_____

_____

Was spricht ggf. dafür, meine Situation nicht zu verändern? Nennen Sie die Vorteile:

_____

_____

Was spricht für eine Veränderung meines „Alltagsverhaltens"? Nennen Sie bitte noch einmal die wichtigsten Begründungen dafür.

_____

_____

Was kann meinen Schritt zur Veränderung und zur Zielerreichung erleichtern? Wer oder was könnte mir dabei helfen?

_____

_____

Liebe als Kern des Selbstwertgefühls

Die Gesellschaft ist von einem Streben nach Individualismus durchdrungen und hat eine wichtige Dimension in Bezug auf das Selbstwertgefühl aus den Augen verloren. Man betrachtet zwar heute vielerorts die Eigenliebe als Basis für ein gesundes Selbstwertempfinden, aber ein wahres und nachhaltiges Selbstwertgefühl kommt aus einer anderen Quelle. Ein Selbstwertgefühl zu haben ist wichtig, aber es sollte weitestgehend positiv getönt sein. Mit anderen Worten: Man sollte sich gut fühlen, weil man etwas Richtiges getan hat. Ein gutes Selbstwertgefühl besteht aus (Eigen-)Leistungen und stammt darüber hinaus aus dem Dienst am Nächsten, was auch Inhalt unseres Konzepts der Hilfe zur Selbsthilfe ist. Und dies ist eindeutig eine andere Art von Liebe.

Es gibt grundsätzlich zwei Arten von Liebe. Die erste davon, die Eigenliebe, kann sich in vielen verführerischen Formen zeigen, bleibt aber vom Grundansatz her egoistisch und selbstbezogen. Sie ist sehr unzureichend und kurzlebig, da sie vor allem von Emotionen und subjektiven Wünschen gesteuert wird. Sie basiert auf Erwartungen, dem Wohlgefühl und der Befriedigung des Ichs.

Die zweite Art ist sehr viel seltener anzutreffen, wobei es sich um die ausströmende Liebe handelt. Sie basiert auf einem ehrlichen Interesse am Wohlergehen anderer und ordnet die selbstbezogenen Wünsche des Ichs diesem Motiv unter. Diese Art von Liebe ist der Kern eines gesunden Selbstwertgefühls. Das Bedürfnis, sich gut zu fühlen, hat dazu geführt, dass leider zu viele Menschen alle unbequemen Einschränkungen in Bezug auf soziales Verhalten beiseitegeschoben haben. So schwer das zu akzeptieren ist, glücklich zu sein und sich wohl zu fühlen, ist abhängig von bestimmten Beschränkungen.

Einschränkungen sollen jedoch die Aufmerksamkeit von unseren eigenen Wünschen hin zu den Bedürfnissen anderer lenken. Dies ist im tiefsten Kern dann wirkliche Wertschätzung des Mitmenschen und keine selbstbezogene, sondern eine ausströmende Art der liebevollen Bezogenheit. Sie führt zu einer Lebensweise und -einstellung, die bereit ist, das Ich an die zweite Stelle zu setzen und das eigene Glück nicht vor das Glück anderer zu stellen.

> ➢ Welche Bedeutung hat die „ausströmende Liebe" für Menschen in Selbsthilfeprozessen?
> ➢ Welche Unterschiede haben Sie in Zeiten der Sucht erfahren, wenn es um die Eigenliebe und die Wertschätzung anderer Menschen ging?
> ➢ Was hat sich bei Ihnen in diesem Zusammenhang seit der nassen Phase verändert?

Anerkennung und Respekt

Gerade für das Selbstwertgefühl trockener Alkoholiker/innen und ihrer Partner/innen spielt die soziale Anerkennung durch andere Menschen eine zentrale Rolle. Nach der oft langen Zeit der Sucht, in der die sozialen Kontakte eher oberflächlich und von Fluchttendenzen gekennzeichnet waren, gewinnt soziale Anerkennung im Bündnis mit Respekt und Wertschätzung einen bedeutenden Stellenwert. Lassen sich die Ursachen der Sucht oftmals auf ein von Minderwertigkeitsgefühlen geprägtes Ich zurückführen, kommt der sozialen Anerkennung in der Abstinenz ein besonderer Stellenwert zu. Natürlich sind Anerkennung und Respekt auch für Menschen wichtig, die kein Suchtproblem haben. Für Betroffene und Mitbetroffene sind sie jedoch äußerst wichtig. Und nie zuvor war die Aussage „Ich werde anerkannt, also bin ich" für beide Seiten wertvoller als heute.

Dies liegt zum Teil daran, dass wir in einer Gesellschaft leben, in der das soziale Miteinander nicht mehr engmaschig funktioniert und in der jeder mehr oder weniger in seiner eigenen privaten Welt lebt, in der sich die Kommunikation im Alltag oftmals nur noch auf „Smalltalk" beschränkt. Anerkennung setzt jedoch voraus, dass ich mich mit meinen jeweiligen Eigenschaften und Fähigkeiten an der Kommunikation, an Entscheidungsprozessen oder anderen gesellschaftlichen Prozessen beteilige und von anderen Menschen sozial gespiegelt werde. Gegenseitige Anerkennung ist notwendig für jede Art von Zusammenleben, beispielsweise in der Ehe, in einer Schulklasse oder im Beruf. Wird zum Beispiel ein Gruppenmitglied nicht anerkannt, gerät es schnell in Gefahr, zum Außenseiter zu werden. Die Anerkennung durch andere Menschen schließt aber auch Verpflichtungen ihnen gegenüber ein, die von der Respektierung ihrer Personen, die Zustimmung zu ihren Wünschen bis hin zur Würdigung ihrer Leistungen reichen können. Wichtig ist, dass man sich aufrichtig für seine Kommunikationspartner interessiert und ihnen gut zuhören kann. Dazu gehört auch, dass man andere immer wieder ermuntert, von sich selbst zu sprechen, was gerade für den Austausch in einer Suchtselbsthilfegruppe bedeutend ist. Dabei sollte man von Dingen reden, die die Kommunikationspartner interessieren und berücksichtigen, dass man stets und ohne Vorbehalt dem Selbstbewusstsein der anderen Rechnung trägt.

Diskutieren Sie doch in Bezug auf diesen Text einmal über das Kommunikationsverhalten in Ihrer Gruppe. Was sind die Besonderheiten des gegenseitigen Austauschs? Was läuft positiv, was könnte verbessert werden? Welche Themen könnten dabei eine wichtige Rolle spielen?

Fairness in zwischenmenschlichen Beziehungen

Im Sport bedeutet Fairness, sich an die Regeln zu halten und ein gerechtes Spiel zu führen. Solche Regeln setzen auf Einwilligung unter gleichberechtigten Menschen. Dies betrifft nicht zuletzt das soziale Miteinander in Suchtselbsthilfegruppen, da Hilfe zur Selbsthilfe nur im Zusammenhang von Achtsamkeit, Wertschätzung und Fairness funktionieren kann. Fairness ist ein Schlüssel zur besseren Qualität des Zusammenlebens und der Zusammenarbeitet im Privat- und Berufsleben. Fairness im menschlichen Umgang erhöht das, was gut gekonnt und gemacht wird, um ein Mehrfaches. Und was weniger gut gemacht wird, was vielleicht nicht gelingt, wird durch den Faktor Fairness nicht zum Ausgangspunkt für Abwertung, Demütigung, Destruktion und Ausgrenzung, die viele von uns in ihrer Lebensgeschichte und damit auch in ihrer Suchtkarriere irgendwann erfahren haben. In der Abstinenz haben die meisten von uns gelernt, wie wichtig ein fairer und aufrechter Umgang mit anderen Menschen ist. Das geht über die Privatsphäre, über das Arbeitsleben bis hinein in den Alltag von Selbsthilfegruppen. Wer achtsam gegenüber seinen Mitmenschen ist und dabei noch fair, wird rasch merken, wie anspruchsvoll Fairness sein kann und dass sie weit mehr beinhaltet als Anstand, Höflichkeit und Ehrlichkeit. Wenn Fairness jedoch so einfach zu praktizieren wäre, dann macht es nachdenklich, dass sie in vielen gesellschaftlichen Bereichen trotz eines Fairness-Trends einen so schweren Stand hat. Besonders in anspruchsvollen Situationen kann ein fairer Umgang daher schwierig sein. Wir kennen dies aus unserem Alltagsleben, in dem wir immer wieder mit Fragen einer fairen und gerechten Behandlung konfrontiert werden. Wer meint, Fairness sei lediglich eine etwas weich gespülte Zwischenmenschlichkeit, der hat den Fairness-Faktor nicht verstanden. Fairness ist das genaue Gegenteil und hat, wie in Fairness-Prozessen zu erfahren ist, nichts mit Seichtheit und dem Schein von Nettigkeit zu tun. Fair zu sein heißt, deutlich konsequent und ehrlich zu sein. Denken wir nur an gute Schiedsrichter, die durch gelbe und rote Karten dafür sorgen, dass ein Spiel wieder an Fairness gewinnt, das schon in die gegenteilige Richtung zu kippen drohte. Fairness hat den Vorteil, dass es sich um ein Prinzip, eine Idee und einen Wert handelt, der praktisch - auch im Alltag von Selbsthilfegruppen - realisierbar ist.

> Diskutieren Sie in Ihrer Gruppe doch einmal über die Bedeutung des Begriffs „Fairness". Wie sehen es die männlichen, wie die weiblichen Gruppenmitglieder? Schauen Sie sich im Rahmen der Diskussion auch den nächsten Text an, bei dem es am das Thema „Radikale Ehrlichkeit" geht, das für den offenen und vertrauensvollen Umgang in Suchtselbsthilfegruppen einen festen Platz haben sollte und eng mit Begriffen wie „Achtsamkeit" und „Respekt" verwandt ist.

Radikale Ehrlichkeit als Lernprozess

Mit dem Begriff der „Radikalen Ehrlichkeit" ist gemeint, wichtigen Dingen im Leben an die Wurzel zu gehen. Es ist ein dauernder und bedeutender Lernprozess für Suchtselbsthilfegruppen und somit für jedes Gruppenmitglied. Radikale Ehrlichkeit wird in der Gruppenpraxis noch viel zu wenig praktiziert, was u. a. daran liegt, dass es sich dabei noch vielfach um ein Tabuthema handelt. Dies deutet darauf hin, wie Selbsthilfegruppen von der Gesellschaft beeinflusst sind, was aber gleichzeitig eine Gefährdung für den Gruppenprozess bedeutet, denn Ehrlichkeit ist eine wesentliche Voraussetzung für ein aufrichtiges Miteinander. In unserer Gesellschaft sind Offenheit und Ehrlichkeit nicht immer und überall an der Tagesordnung, jedoch können sich Suchtselbsthilfegruppen auf keinen Fall so verhalten, da dies im Endeffekt zu Lasten gegenseitigen Vertrauens geht. Daher sollte die gesellschaftliche Normalität dort durch radikale Ehrlichkeit ersetzt werden. Dies ist, zugegeben, kein einfacher Prozess, da höflichkeitsbedingte Schranken überwunden werden müssen und Reste aus persönlichem Misstrauen, Ängsten und Vorbehalten zu überwinden sind. Solche Blockaden und Hemmnisse gilt es im gemeinsamen Lernprozess wahrzunehmen und zu verändern. Wenn wir beginnen, uns kritisch zu hinterfragen, wenn wir lernen, zu uns selbst ehrlich zu sein, ist damit schon ein wichtiger Schritt in die richtige Richtung getan. Radikale Ehrlichkeit lässt sich vor allem realisieren, wenn die Gruppenmitglieder bereit sind, im Rahmen eines offenen Dialogs die Fähigkeit zur Kritik und Selbstkritik zu entwickeln. Dies wiederum setzt die Fähigkeit zur Selbstliebe als Basis der Nächstenliebe voraus. Erst so wird es möglich, unverblümte Kritik nicht als Angriff zur deuten, sondern sie als einen Akt der Freundschaft und sozialen Unterstützung zu verstehen. Radikale Ehrlichkeit hat daher nichts mit Vorwürfen oder Vorhaltungen zu tun, sondern ist eine Methode, die Solidarität und gegenseitiges Verständnis voraussetzt. Sie darf jedoch nicht mit Bewertungen über jeweiliges Denken und Handeln verknüpft sein, denn so würden nur Scham- und Schuldgefühle erzeugt, was den Lernprozess der Selbstkritik und Selbstfindung behindert. Durch radikale Ehrlichkeit, verstanden als Prozess aus Selbst- und Fremdkritik, werden Krisen provoziert, die für das einzelne Gruppenmitglied und für die Gruppe eine Chance zum Lernen bieten. Solche Lernchancen wiederum lassen sich produktiv nutzen, wenn die Gruppenmitglieder in dem Sinne offen sind, dass nichts aus falscher Rücksicht verschwiegen wird. Radikale Ehrlichkeit ist somit nicht als abstraktes Prinzip, sondern als konkrete Praxis zu werten. Soweit Sie dieses Thema in Ihrer Gruppe diskutieren wollen, schauen Sie sich dazu bitte auch die Fragen auf der folgenden Seite an.

Fragen zur Methode der Radikalen Ehrlichkeit[11]

Bitte diskutieren Sie im Rahmen dieser Methode folgende Fragen, die jedoch keinen Anspruch auf Vollständigkeit haben, sondern gerne ergänzt werden können:

> Wenn man sich verschließt, sich nicht preisgeben will, etwas verschweigt oder bloß schweigt, ist das schon unehrlich?
> Wenn es ‚falsche Rücksicht‘ gibt, was ist dann ‚richtige Rücksicht‘?
> Wo ist die Grenze zwischen konventioneller Höflichkeit und Wissen, wenn es um Verletzbarkeit eines anderen Menschen und die Behutsamkeit in der Auseinandersetzung mit ihm geht?
> Wie lassen sich Lebenslügen erkennen, wenn sie doch vielfach unbewusst bleiben?
> Wie ist dieses schwierige Gleichgewicht zu schaffen, nicht aus Selbstliebe andere zu missbrauchen und sich nicht aus Nächstenliebe selbst aufzugeben?
> Müssen sich Gruppenleben und Alltagsleben unterscheiden?
> Und wenn ja, worin müssen sie sich unterschieden?
> Wie ehrlich können wir in unserer Gruppe miteinander umgehen?
> Welche Grenzen lassen sich im Rahmen eines solchen Umgangs feststellen?
> Welche Möglichkeiten bietet die Methode der „Radikalen Ehrlichkeit“ für das offene und solidarische Miteinander in unserer Gruppe?

---

[11] Die Methode der „Radikalen Ehrlichkeit“ ist einem Beitrag von Prof. Dr. Arnold Schmieder entnommen, den er 1988 im Rahmen der Publikation „Sucht und Gesellschaft“ für die Ländliche Erwachsenenbildung in Niedersachsen verfasst hat und der heute immer noch hochaktuell ist. Der Beitrag wurde vom Autor dieses Buches leicht überarbeitet.

Besser zuhören können

Menschen richtig zuzuhören und ihnen zu helfen, gelingt leichter, wenn man innerhalb einer konkreten Struktur bestimmte Beratungskenntnisse anwendet. Dies müssen keine professionell erlernten Methoden sein, da es oft schon ausreicht, wenn wir ein solches Gespräch wach verfolgen und um ein aktives Zuhören bemüht sind. Hilfreich sind dabei vor allem unsere Lebens- und Gruppenerfahrungen, die wir in den Prozess der Hilfe zu Selbsthilfe einbringen, da sie ein gutes Fundament für ein solches Handeln darstellen. Auf der Basis solcher Schlüsselkompetenzen erleben wir Gruppengespräche weniger frustrierend, können den Standpunkt unseres Gegenübers genauer verstehen und den Vorgang des aktiven Zuhörens besser steuern.

Wir bringen dabei unsere Lebenserfahrungen, Denkweisen, Eigenschaften und Gefühle ein und nehmen damit Einfluss auf den Ablauf eines solchen Prozesses. Mit unseren vielschichtigen Erfahrungen und Erkenntnissen aus der Zeit der Sucht und dem abstinenten Leben müssen wir in einem solchen Gespräch aber auch haushalten, da es erst einmal um das aktive Zuhören geht. Selbsterkenntnis und Selbsterfahrung sollten in solchen Situationen immer im Vordergrund stehen, wobei es gilt, Bevormundung zu vermeiden. Obwohl die Arbeit als aktiver Zuhörer viele Erfolgserlebnisse vermitteln kann, kann sie auch Probleme und Konflikte mit sich bringen und uns sogar wertvolle Energie entziehen. So gehört zu einer guten Herangehensweise die Überlegung, was eine gute Praxis der Beratung bzw. Unterstützung ausmacht, wobei ethische Fragen im kommunikativen Umgang eine Rolle spielen. Mit dem Begriff „Ethik" ist unser sittliches und moralisches Verhalten gemeint, das in Gruppenprozessen mit einbezogen werden sollte. Im Beratungs- oder Unterstützungsprozess helfen wir Ratsuchenden, bestimmte Anliegen und Probleme zu bearbeiten, um diese gezielter anzugehen. Durch unsere Unterstützung helfen wir Betroffenen und Mitbetroffenen, mutiger und zielgerichteter mit solch schwer zu lösenden Aufgaben umzugehen. Beratungskompetenz in Selbsthilfegruppen kann daher auch als Fähigkeit verstanden werden, sorgfältig und aktiv zuzuhören, um seinem Gegenüber ein Stück weit Entlastung zu verschaffen.

> ➢ Wie sah es bei Ihnen mit dem Zuhören in der Zeit der Sucht aus?
> ➢ Was hat sich in dieser Hinsicht seit dem Beginn Ihrer Abstinenz verändert?
> ➢ Können Sie heute besser zuhören?
> ➢ Inwieweit konnten Sie Mitgliedern Ihrer Selbsthilfegruppe auf diesem Wege schon hilfreiche Unterstützung bei der Lösung von Problemen bieten?

Leistungsbereitschaft und Motivation

Personen gelten im Allgemeinen als leistungsbereit, wenn ihnen Dinge Spaß machen. Dinge aktiv anzugehen und Energie in die Arbeit zu investieren, ist aber nicht immer leicht. Dennoch gibt es Wege, sich in diesem Zusammenhang stärker zu motivieren. Erst einmal sollte jede Tätigkeit letztlich dazu dienen, das Leben zu verbessern oder zu vereinfachen. Stellen wir uns dabei vor, dass wir anderen Menschen durch unsere Unterstützung bei der Bewältigung bestimmter Probleme und Belastungen zur Seite stehen. Wenn wir uns mit einem solchen Denken und Handeln identifizieren, kann dies die abgefallene Leistungskurve wieder nach oben bringen. Zuverlässigkeit kann hierbei den Weg aus dem Leistungstief ebnen, wenn wir uns nicht entmutigen lassen, unseren Aufgaben systematisch nachzukommen und vereinbarte Termine einzuhalten. Was bedeutet dies nun für die aktive Mitarbeit in einer Selbsthilfegruppe?

Je stärker ich mich mit der Gruppe identifiziere, desto höher ist meine Bereitschaft, mich aktiv am Gruppengeschehen zu beteiligten und anderen Gruppenmitgliedern soweit wie möglich mit Rat und Tat zur Seite zu stehen. Zuverlässigkeit bedeutet dann, dass ich nicht nur regelmäßig am Gruppengeschehen teilnehme, sondern meine Lebenserfahrungen in den Gruppenprozess einbringe, wenn dies gewünscht wird. Es bedeutet aber auch, dass auch ich Hilfe und Unterstützung von Gruppenmitgliedern erfahren und annehmen kann, soweit dies erforderlich ist. Auch hier ist eine relativ hohe Motivation von Bedeutung, um mich mit der Gruppe zu identifizieren und meine Erfahrungen einzubringen. So kann Gruppe auch noch nach Jahren der Abstinenz ein wichtiger Ort sein, wo ich aus Überzeugung gerne hingehe und bereit bin, mich aktiv ins Geschehen einzubringen.

> ➢ Was verbindet Sie mit Ihrer Gruppe?
> ➢ Was motiviert Sie, auch noch nach Jahren der Abstinenz regelmäßig am Gruppenleben teilzunehmen?
> ➢ Wie sieht es mit Ihrem Gruppenengagement aus, wo liegen Ihre persönlichen Stärken?

Ich bin Ich und Du bist Du

Die Mitbetroffenheit hat wie die Abhängigkeit negative Folgen für die Partnerinnen und Partner des oder der Suchtkranken. Im Wege der Sucht erfahren sie vielschichtige soziale und seelische Veränderungen, da sie sich in ihrer Rolle zu sehr an das Suchtgeschehen anpassen und alles dafür tun, damit davon bloß nichts nach außen dringt. Sie stellen ihr persönliches Leben hintan, um sich rund um die Uhr „fürsorglich" um den betroffenen Partner bzw. die Partnerin zu kümmern. Aufgrund des ständigen seelischen Drucks, der oftmals mit Stressbelastungen einhergeht, können sich bei ihnen psychosomatische Symptome wie Muskelverspannungen, Kopfschmerzen, Herzbeschwerden oder seelische Erkrankungen entwickeln. Für die Mitbetroffenen sollte daher spätestens mit dem Beginn der Abstinenz das oberste Ziel darin bestehen, erst einmal selbst zu gesunden und ein weitgehend selbstbestimmtes Leben zu führen. Daher ist es wichtig, dass Mitbetroffenen auch in Selbsthilfegruppen genügend Raum für ihre persönlichen Belange eingeräumt wird.

Was sollten sie im Rahmen der Gruppenarbeit vor allem lernen?

- Offen und ohne Angst über ihre Mitbetroffenheit sprechen.
- Soziale, seelische und körperliche Belastungsfaktoren erkennen.
- Sich mehr um eigene Belange kümmern (gesunder Egoismus).
- Das Gefühl überwinden, an der Sucht des Partners/der Partnerin schuld zu sein.
- Mehr und mehr Verantwortung für das eigene Leben übernehmen.
- Dabei erkennen: „Ich bin Ich und Du bist Du".
- Konsequent bleiben und sich nicht in Drohungen ohne Folgen verlieren.

Wichtig erscheint, dass die Lebenszusammenhänge der mitbetroffenen Partner/innen stärker ins Zentrum der Diskussion rücken, was in manchen Selbsthilfegruppen leider noch zu kurz kommt. Dabei sollte es um Fragen gehen, wie es den Mitbetroffenen in der nassen Phase gegangen ist bzw. was sich in ihrem nahen sozialen Umfeld und in ihrem Rollenverhalten seit der Abstinenz des Partners/der Partnerin verändert hat.

> - Inwieweit ist das Thema „Mitbetroffenheit" ein wichtiges Thema in Ihrer Gruppe?
> - Warum ist die Aufarbeitung der Mitbetroffenheit für die Aufarbeitung der Sucht von Bedeutung?
> - Inwieweit hat sich das soziale Rollenverhalten der mitbetroffenen Partner/innen in den Jahren der Abstinenz verändert?
> - Was haben die Mitbetroffenen seit dem Beginn der Abstinenz ihrer Partner/innen an positiven Veränderungen in ihrem Lebensalltag wahrgenommen?
> - Inwieweit haben die Mitbetroffenen wieder Verantwortung für ihr eigenes Leben übernommen.
> - Worin zeichnet sich das Mehr an Mitverantwortung bei ihnen vor allem aus?

Projektionen

Oft beschuldigen wir andere, ohne die Verantwortung bei uns selbst zu suchen. In der Fachsprache der Psychologen nennt man so etwas eine „Projektion" oder eine „Übertragung". Man überträgt ein persönliches Problem auf einen anderen Menschen oder eine Gruppe von Menschen. Viele von uns kennen ein solches Verhalten noch aus der nassen Phase der Sucht, in der nicht sie ein Alkoholproblem hatten, sondern immer nur die anderen. Man schiebt seine persönlichen Probleme anderen in die Schuhe, um sich nicht an die eigene Nase fassen zu müssen. Wir alle haben solche bedrückenden Situationen vielleicht schon in unserer Kindheit erlebt, indem wir den Projektionen Erwachsener ausgesetzt waren. Manche Eltern verhalten sich zum Beispiel so, wenn sie ihre Kinder für den Stress verantwortlich machen, der vielleicht an ganz anderer Stelle ausgelöst wurde: „Mein Gott, was bist du wieder anstrengend heute! Musst du mir ständig auf die Nerven gehen?" Nur haben die Erwachsenen dabei ihre Verantwortung für die eigentlichen Ursachen eines solchen Verhaltens über Bord geworfen. Wie trügerisch und belastend dies für Kinder sein kann, da ein solches elterliches Verhalten unnötig Schuldgefühle provoziert, muss hier nicht lange erklärt werden.

Aber auch wir haben uns vielleicht schon früh aus der eigenen Verantwortung gestohlen und uns nicht zu unseren Problemen bekannt. In späteren Jahren, in denen wir suchtkrank waren und im Nebel stocherten, haben wir dieses negative Projektionsverhalten möglicherweise schon gar nicht mehr wahrgenommen. Daher ist es im abstinenten Leben umso wichtiger, sich damit zu beschäftigen bzw. darüber kritisch nachzudenken, um nicht wieder in alte Verhaltensweisen zurückzufallen. Natürlich können wir unser Verhalten nicht von heute auf morgen ändern, aber im Laufe der Abstinenz ist genügend Zeit, um an solchen negativen Verhaltensweisen zu arbeiten. In diesem Sinne gilt die uralte Wahrheit: „Man kann einen anderen Menschen nicht ändern, man kann sich nur selbst ändern!"

> ➢ Inwieweit neigen Sie dazu, andere Menschen für Ihre persönlichen Probleme verantwortlich zu machen?
> ➢ Wenn ja, wann haben Sie dies zum letzten Mal bei sich festgestellt?
> ➢ Wie gehen Sie allgemein mit Problemen im Alltag um?
> ➢ Sind Sie jemand, der seine Probleme eher verdrängt oder neigen Sie dazu, diese nicht auf die lange Bank zu schieben, um sie – so weit wie möglich – konstruktiv zu lösen?
> ➢ Inwieweit hat Ihnen die Teilnahme an einer Selbsthilfegruppe dabei verholfen, im Laufe der Zeit konfliktfähiger zu werden?
> ➢ Was wollen Sie in dieser Hinsicht noch lernen, um mit Problemen und Konflikten konstruktiver umzugehen?

Vom Wert der Abstinenz

Abstinenz im Sinne eines alkohol- oder drogenfreien Lebens beruht bei den meisten von uns auf einer bewussten Entscheidung. In diesem Sinne kann das abstinente Leben eine handfeste Orientierung und ein Gewinn für unser Leben sein, wenn wir uns ehrlich darauf einlassen. Dies setzt aber voraus, dass der ernsthafte Wunsch besteht, mit dem Konsum von Alkohol oder anderen psychoaktiven Substanzen aufzuhören. Abstinenz erscheint dann nicht nur als Freiheit vom Suchtmittel, sondern mehr und mehr auch als Freiheit von bestimmten Ängsten und Selbstwertproblemen. Das Gefühl der Freiheit, vom Stoff nicht mehr abhängig zu sein, auf ihn ohne großen Suchtdruck verzichten zu können, ist eine gute Ausgangsbasis für den Weg in eine zufriedene Abstinenz, wobei der Weg das Ziel ist. Wer sich für diesen Weg entschieden hat, wird mit Belastungen und Problemen auf Dauer voraussichtlich lösungsorientierter umgehen, was sich in vielen Fällen dann auch positiv auf das soziale Zusammenleben in Ehe, Familie und Partnerschaft auswirkt. Abstinenz bedeutet dann etwas Lebendiges und Persönliches, das einen relativ großen Stellenwert in unserem Leben einnimmt.

Und so sollte auch die Arbeit in der Selbsthilfegruppe diese persönliche Haltung kennzeichnen, wenn es um Selbstbetroffenheit, Selbstbestimmung, Eigenverantwortung, Gleichberechtigung und Freiwilligkeit geht. Der Wert der Abstinenz kann sich demnach als permanenter Zugewinn an Lebenserfahrung und Selbstbewusstsein zeigen, ohne das seelische Befinden künstlich zu manipulieren. Daher meint Abstinenz mehr als den Verzicht auf das Suchtmittel, denn sie ist, wie betont, eine wertvolle Lebensweise und ein positives Lebensgefühl.

> ➢ Inwieweit kann man die Abstinenz als „Lebensgefühl" bezeichnen?
> ➢ Wenn ja, wie fühlt sich dieses Lebensgefühl in Bezug auf Ihr abstinentes Leben an?
> ➢ Welche inneren und äußeren „Schätze" hat Ihnen das abstinente Leben bisher gebracht?
> ➢ Wie gehen Sie mit diesen Schätzen um?
> ➢ Was haben Ihnen diese Schätze persönlich gegeben?
> ➢ Was geben sie Ihnen in Rückschau auf den Beginn Ihrer Abstinenz?

Übertriebene Ich-Bezogenheit

Übertriebene Selbstbezogenheit geht mit der Einstellung einher, dass einem die Welt grundsätzlich etwas schuldet. Ein solches Anspruchsdenken ist jedoch ein Übel, das in zunehmendem Maße auch in unserer Gesellschaft präsent ist. Dazu kommt noch das Gefühl, sich ständig als Opfer zu fühlen und die persönlichen Unzulänglichkeiten anderen anzulasten. Dabei gibt es eine wachsende Tendenz unter Psychologen und Medizinern, alle Arten von Verhaltensproblemen als Krankheit zu bezeichnen, eben auch bestimmten Formen der übertriebenen Selbstbezogenheit. Nur wird auf diese Weise falsches Verhalten schöngefärbt, mit einem klinischen Namen versehen und lediglich mit Medikamenten und/oder Beratung behandelt. So kann sich der Einzelne der Verantwortung für sein narzisstisches Verhalten entziehen. Dieser Trend reflektiert eine gewaltige Veränderung in unserem Wertesystem, und zwar weg von einer für das Gemeinwesen wertvollen Selbstkontrolle, hin zur vollständigen Akzeptanz von purem Egoismus.

Menschen mit solchen Ansprüchen fordern viel Aufmerksamkeit und Bewunderung und glauben oftmals sogar, dass ihnen spezielle Gefälligkeiten ohne Gegenleistungen zustehen. Sie tendieren dazu, andere auszunutzen, wollen Aufmerksamkeit erheischen und neigen dazu, schnell gelangweilt zu sein. Viele dieser Verhaltensweisen sind Teil einer Kultur, in der das Haben (der übermäßige Hang nach materiellem Besitz) stärker dominiert als das menschliche Sein und die Wertschätzung anderer. Solche Menschen klagen oft darüber, dass ihr Leben leer und bedeutungslos sei. Sie zeigen dabei nur wenig aufrichtiges Interesse an den Bedürfnissen ihrer Mitmenschen. Wenn jedoch das Ich zum Zentrum des persönlichen Universums wird, geht damit oftmals die Entfernung von anderen Menschen einher. Die Gefühle und Bedürfnisse der anderen rücken dann in weite Ferne, so dass man seine persönliche Identität in Gruppen sucht, wo Selbstbezogenheit und Egoismus gewürdigt werden. Dass ein solches Verhalten unweigerlich zu Einsamkeit und einem Gefühl der Leere und Unerfülltheit führt, wird dabei nicht einkalkuliert. Enttäuscht suchen solchen Menschen dann nach dem Gefühl, sich wohl zu fühlen, indem sie sich noch mehr auf die eigenen Wünsche und Bedürfnisse konzentrieren, was jedoch selten den erwünschten positiven Effekt hat. Denn statt mehr Selbstwertgefühl entsteht ein Gefühl der Sinn- und Wertlosigkeit, und dieser Kreislauf endet nicht selten in einer Tragödie oder mit einem Rückfall. All dies führt uns zu der Frage, wie sich eine übertriebene Ich-Bezogenheit durchbrechen lässt? Reden Sie doch einmal in Ihrer Gruppe darüber, denn es ist wichtig und wird sich lohnen.

Aufrichtigkeit im Gruppenalltag

Welche der folgenden Aussagen sind Ihnen im Rahmen der Gruppenarbeit besonders wichtig? Kommen davon bestimmte Dinge vielleicht zu kurz? Was könnte noch verbessert werden? Worin zeichnet sich Ihre Gruppe aus, wenn es um Respekt und Aufrichtigkeit im Gruppenalltag geht?

> ➤ Achte die Meinung Deiner Gesprächspartner/innen.
> ➤ Wenn Du unrecht hast, gebe es ohne zu zögern zu.
> ➤ Versuche es stets mit Freundlichkeit.
> ➤ Achte auf eine ausgewogene Kommunikation.
> ➤ Lasse auch Dein Gegenüber sprechen.
> ➤ Versetze Dich, soweit es geht, in Deine Gesprächspartner.
> ➤ Bringe den Vorschlägen und Wünschen Deiner Gesprächspartner/innen Wohlwollen entgegen.
> ➤ Appelliere an die aufrichtige Gesinnung Deiner Gesprächspartner/innen.
> ➤ Denke auch an Lob und aufrichtige Anerkennung.
> ➤ Mache Deine Gesprächspartner/innen höflich und diplomatisch auf ihre Fehler aufmerksam.
> ➤ Spreche zuerst von den eigenen Fehlern, ehe Du andere Menschen kritisierst.
> ➤ Mache stets Vorschläge, anstatt Befehle zu erteilen.
> ➤ Gebe Deinen Gegenübern stets die Möglichkeit, ihr Gesicht zu wahren.
> ➤ Lobe jeden Erfolg, auch den geringsten.
> ➤ Sei herzlich in der Anerkennung Deiner Gesprächspartner/innen.
> ➤ Ermutige Deine Gesprächspartner/innen.
> ➤ Gebe ihnen das Gefühl, dass sie ihre Fehler jederzeit verbessern können.

Zitate zum Thema „Respekt"

Wir haben eine solch große Idee von der Seele des Menschen, daß wir es nicht ertragen können, von einer solchen verachtet zu werden, und nicht in ihrer Achtung zu stehen; alles Glück der Menschen besteht in dieser Achtung.
(Blaise Pascal, französischer Mathematiker, Physiker, Literat und christlicher Philosoph)

Respekt zu bezeugen ist heutzutage fast ebenso schwer, wie Respekt zu verdienen.
(Joseph Joubert, französischer Moralist und Essayist)

Freundschaft fließt aus vielen Quellen, am reinsten aus dem Respekt.
(Daniel Defoe, englischer Schriftsteller in der Frühzeit der Aufklärung)

Es ist mehr wert, jederzeit die Achtung der Menschen zu haben, als gelegentlich ihre Bewunderung.
(Jean-Jacques Rousseau, Genfer Schriftsteller, Philosoph und Pädagoge)

Alternde Menschen sind wie Museen: Nicht auf die Fassade kommt es an, sondern auf die Schätze im Innern.
(Jeanne Moreau, französische Schauspielerin, Filmregisseurin und Sängerin)

Alles Alte, soweit es den Anspruch darauf verdient hat, sollen wir lieben; aber für das Neue sollen wir eigentlich leben.
(Theodor Fontane, deutscher Schriftsteller)

Wenn Du Dein Herz nicht hart werden lässt, wenn Du Deinen Mitmenschen kleine Freundlichkeiten erweist, werden sie Dir mit Zuneigung antworten. Sie werden Dir freundliche Gedanken schenken. Je mehr Menschen Du hilfst, desto mehr dieser freundlichen Gedanken werden auf Dich gerichtet sein. Dass Menschen Dir wohlgesinnt sind, ist mehr wert als Reichtum.
(Indianische Weisheit)

Zwischen Flucht und Suche

Das Problem, das am Grunde aller Süchte steht, ist der Lebenshunger, der aus Mangel geboren wurde. In der Regel lassen sich - grob betrachtet - zwei Richtungen festmachen, die bei Betroffenen mehr oder weniger stark in Erscheinung treten: Das Flucht- und Such-Motiv. Beim Flucht-Motiv erscheint süchtiges Verhalten als Problem des Davonlaufens und als Bestreben, sich selbst und die soziale Umwelt nicht spüren zu müssen. Beim Such-Motiv spielen tiefere Sehnsüchte und Hoffnungen eine Rolle, die auf anderem Wege nicht erfüllbar erscheinen. Es existiert ein Sich-nicht-zufrieden-Geben mit dem, was die Welt einem bietet. In vielen Fällen sind süchtige Verhaltensweisen Ausdruck der mangelnden Fähigkeit, Bedürfnisse aufzuschieben. Ein ebenfalls bedeutendes Motiv kann in dem Versuch einer falschen Selbstheilung durch die Droge bestehen. Sucht ist eine seelische Kategorie von großer sozialer Mächtigkeit. Sie ist ein dauerndes Suchen bei ausbleibender Befriedigung, womit Sucht und Suche immer weiter gesteigert werden.

Sucht ist das falsch verstandene Prinzip Hoffnung, ein ständiger Anspruch an die Zukunft, der so, wie er gestellt wird, nicht sinnvoll eingelöst werden kann. Jetzt ist kein Leben, sagt sich der Süchtige, jetzt nicht, aber nachher, morgen, nächste Woche. In Zukunft wird Leben sein, wenn die vage Unzufriedenheit und der Durst gelöscht sein werden: nach dem nächsten Bier, nach dem nächsten Joint, nach dem nächsten Kauf, der nächsten Pille. Das Merkmal der Unangemessenheit des süchtigen Verhaltens, wie es vom sozialen Umfeld wahrgenommen wird, dringt im Laufe der Sucht auch in das Bewusstsein der Betroffenen, sei es, weil sie mit Rechtsnormen in Konflikt geraten, sei es, weil sie negative Folgen aus dem Drogenkonsum (Erkrankungen, berufliche oder ökonomische Folgen) zu spüren bekommen. Schließlich geraten die Betroffenen in einen Zustand, in dem sie nicht mehr die Herrschaft über ihren Drogenkonsum ausüben, sondern dieser zum „Organisator" ihres Alltags wird. Der Beschaffung des Suchmittels und sein Konsum werden dann alle anderen Lebensprozessen, Interessen und Pflichten untergeordnet. Erst wenn es über kurz oder lang zur Kapitulation vor der Droge kommt, können die Weichen für den Weg in das abstinente Leben gestellt werden.

> ➤ Wenn in der nassen Phase der Sucht bei vielen Betroffenen das Suchen und Flüchten in Vordergrund stand, welche Bedeutung kommt dann dem Thema „Selbstwert" in der Abstinenz zu?
>
> ➤ Inwieweit hat die Abstinenz zu einem authentischen Leben beigetragen, bei dem die Stabilisation der Psyche und der Gesundheit im Vordergrund stehen?

Risiken des Rückfalls im Spiegel des Suchtdrucks

„Ist doch nicht so schlimm." (Bagatellisierung)

Folgende Aussagen reden den Konsum eines Suchtmittels klein. „Ist doch nicht so schlimm!" Ein „Gläschen" oder „Bierchen", wenn es um Alkohol geht, eine „harmlose Pille", wenn es um Medikamente geht. In vielfältigen Varianten taucht diese Argumentationslinie in Gesprächen auf, zeigt sich aber auch als inneres Denken, das oft mühsam erworbene Einsichten wieder beiseiteschiebt und die Abstinenzentscheidung relativiert und untergräbt.

„Du kannst jederzeit wieder aufhören!" (Kontroll-Illusion)

„Ich kann ja wieder aufhören!" Oder: „Ich habe es ja im Griff, ich kann das alles kontrollieren!" Eben nicht - die Illusion, ein Suchtmittel kontrollieren zu können, kann auch nach **längerer Zeit** wieder aktiv werden. Bis zu einem gewissen Grad scheint das ja auch zu stimmen. Man kann mit verbundenen Augen auf einen Abgrund zulaufen und stürzt vielleicht nicht sofort ab. Irgendwann aber ist die Kontrolle dann tatsächlich weg. Und genau hier liegt das Problem, wieviel man sich tatsächlich *erlauben* kann. Bis wann die alten Verhaltensmuster wieder voll aktiv sind, lässt sich nicht genau sagen. Nach längerer Abstinenz wirkt eine bestimmte Substanz meist stärker als vorher. Das bedeutet, dass die seelische und körperliche Abhängigkeit vom Suchtmittel relativ rasch wieder in Erscheinung tritt.

„Du brauchst das jetzt, gönn es dir!" (Suchtdruck als Erlaubnis)

Zu dieser Variante gehören Aussagen wie: „Ich kann das nicht mehr aushalten" und „Das muss oder kann ich nicht mehr ertragen". Die logische Schlussfolgerung ist die innere Erlaubnis, erneut zu konsumieren. In der Regel dient das Suchtmittel dazu, Gefühle zu regulieren, wobei der Suchtdruck oftmals Ausdruck unangenehmer Gefühle ist. Das muss aber nicht so sein, denn auch Leichtsinn und Selbstüberschätzung können „Gründe" sein, sich einen Rückfall zu *erlauben*. Nach dem Motto „Ich darf das ja, denn ich bin ja schon so lange trocken" oder „Es wird schon nichts Schlimmes passieren", wird die Legitimation langsam entwickelt und die Abstinenzentscheidung unbemerkt ausgehebelt. Schimpfen hilft nicht, disziplinarische Maßnahmen helfen nicht und auch die Duldung von Rückfällen nicht. Meist treten nach dem Rückfall Schuldgefühle und Wut in Erscheinung, weil die Selbstkontrolle nicht stark genug war.

Sprechen Sie doch einmal darüber, wie Sie in der Gruppe mit Rückfällen umgehen. Wie sehen es die Betroffene, wie die Mitbetroffenen, wie die Frauen, wie die Männer?

Die Anfälligkeit bleibt

Rückfälle können auch nach langer Zeit der Abstinenz auftreten. Sie geschehen meist in einem schwachen Moment. Was hilft, ist die beständige Erneuerung der Abstinenzentscheidung, die keinesfalls ein *Moment* ist, denn sie ist ein *mehrdimensionaler Prozess auf unterschiedlichen Ebenen*. Es gibt verschiedene Methoden, diese Entscheidung immer wieder zu erneuern, und manchmal sind es ganz einfache Sätze, die sie lebendig und bewusst halten können: „Heute bleibe ich trocken" oder „Heute bleibe ich clean". Wenn es dann doch zu einem Rückfall kommt, ist die Aufarbeitung wichtig: „Was ist da genau geschehen?" „Was hat mich da geritten, mein Denken kontrolliert?" Vor allem aber: „Was kann ich tun, damit mir das nicht noch einmal passiert?"

So falsch scheint der Gedanke nicht zu sein, dass Abstinenz etwas mit Willensstärke zu tun hat. Sie zeigt sich in der Fähigkeit, die inneren Rückfallverführer zum Schweigen zu bringen oder einfach nicht auf sie zu hören. Übrigens: auch vor den *Verführern* sollten wir großen Respekt haben. Im Wissen um die Risiken des Rückfalls werden sie mit etwas Übung immer schneller erkennbar und leichter kontrollierbar. Der Rückfall ist ein Prozess, der durchaus eine Struktur hat, aber immer mit Täuschung und Illusionen verbunden ist. Die Anfälligkeit bleibt! Wer sich da auf eine innere Diskussion einlässt, hat im Grunde schon verloren. Sich ablenken, Gedanken wegschieben, an etwas Anderes denken und eine sture Haltung einnehmen, sind Strategien, die immer wieder als hilfreich beschrieben werden, die jedoch oftmals nicht helfen, um einen Rückfall zu vermeiden. Langfristig gedacht ist die Abstinenz die bessere Entscheidung. Aber sie ist eben kein Besitz, sondern eine Art *Lebensführung*, die immer wieder neu erarbeitet werden muss. Respekt vor demjenigen, der es alleine schafft. Und wer es vorzieht, nach einem Rückfall eine Beratungsstelle aufzusuchen, bei Bedarf eine weitere Therapie aufzunehmen, macht nichts verkehrt. Vor allem aber geht es darum, Unterstützung zu finden. Aber auch die Erfahrung zu machen, dass es sich lohnt, trocken zu bleiben und die Abstinenz im wahrsten Sinne des Wortes zu schätzen, ist ein wichtiges und hilfreiches Unterfangen.

> ➢ Welchen Stellenwert hat eine Suchtselbsthilfegruppe, wenn es um die Vermeidung von Rückfällen geht?
> ➢ Wo liegen ihre Stärken und Schwächen, wenn es um die Aufarbeitung von Rückfällen geht?
> ➢ Wo sehen Sie dabei die Grenzen der Selbsthilfe?
> ➢ Über welche Erfahrungen können Sie berichten?

Suchtmittelkonsum, Unehrlichkeit, Schuldgefühle

In der nassen Phase der Sucht spielt die Unehrlichkeit gegenüber anderen Menschen eine bedeutende Rolle. Für viele Alkohol- und Drogenabhängige ist sie ein sichtbarer Ausweg, um negativen Reaktionen bezüglich Ihres Suchtmittelkonsums aus dem Weg zu gehen. Ein solches Verhalten tritt vor allem bei denjenigen Suchtmittelabhängigen in Erscheinung, die ihren Alkohol- oder Drogenkonsum nicht unter Kontrolle haben. Spricht man sie auf ihr Verhalten an, spielen sie ihr Suchtproblem extrem herunter, um nicht als *Verlierer* dazustehen und um zu verhindern, dass sich andere Menschen von ihnen abwenden. In dem Augenblick denken sie aber nicht daran, wie der andere Mensch wohl auf ihre Lügen reagiert. Die Lüge mag in dem Augenblick zwar wichtig erscheinen, später aber, sobald der Kopf mal wieder klar ist, meldet sich das schlechte Gewissen. Und gerade dies trägt neben dem oft heimlichen Substanzkonsum dazu bei, dass sich die Abwärtsspirale im Rahmen von Missbrauch, Lüge und Schuldgefühlen immer weiter nach unten dreht. Es entwickelt sich ein Teufelskreis, aus dem Betroffene erst einmal keinen Ausweg sehen, so dass sie andere Menschen weiterhin belügen. Bei den meisten von ihnen ist aber nicht so, dass sie gelogen haben, um mehr zu trinken, sondern umgekehrt, denn die Lüge folgt dem Missbrauch.

Ein ehrlicher Umgang mit sich selbst und anderen beginnt meist dort, wo Betroffene entdecken, dass es mit ihrem Leben so nicht weitergehen kann. Eine solche Erkenntnis hat jedoch nur Erfolg, wenn man dazu bereit ist, mit dem Alkohol-, Medikamenten- oder Drogenkonsum zu brechen. Dies bedeutet, dass man sich eingestehen muss, die Kontrolle über sein Suchtverhalten verloren zu haben. Dazu gehört auch die Bereitschaft, den *inneren Schalter* umzulegen, um für den Weg in die Abstinenz bereit zu sein und Selbstbetrug, Selbstlüge und dem Belügen ein Ende zu setzen.

> ➢ Sind es wirklich Schuldgefühle, die den Betroffenen in die Sucht getrieben haben?
> ➢ Wie sah es mit dem Selbstbetrug und dem Belügen anderer in der nassen Phase der Sucht aus?
> ➢ Was war für Sie als Betroffene/Betroffener ausschlaggebend, um mit dem Konsum von Alkohol oder anderen psychoaktiven Substanzen Schluss zu machen?
> ➢ Welche Rolle schreiben Sie dem ehrlichen Umgang mit sich und anderen zu, wenn es um Ihr abstinentes Leben geht?

Leben heißt Veränderung

Die Drehleier ist ein Instrument, das im 9. Jahrhundert erfunden wurde. Ihre Saiten, die mittels einer Kurbel und eines Rades geschlagen werden, erzeugen beim Spielen eine monotone und leicht klagende Melodie, die nicht variiert werden kann. Schon früh bezeichnete man mit sprachlichen Wendungen wie „immer die alte Leier" oder „immer dieselbe Leier" ihre beschränkte Tonfähigkeit als Sinnbild des Eintönigen. Später entstanden daraus Redensarten wie „immer dasselbe Lied" oder „immer dieselbe Platte". Gemeint ist die Eintönigkeit in Lebenssituationen, in denen alles mehr oder weniger nach *Schema F* läuft. Das Resultat eines solchen Prozesses ist oft mit Langeweile verbunden, da es im Alltag an Abwechslung mangelt.

Auch das abstinente Leben kann an Schwung und Würze verlieren, wenn wir tagein, tagaus im gleichen Trott leben. Dabei meint Abstinenz mehr als den Verzicht auf das Suchtmittel, denn es geht auch um die Herauslösung aus alten Zwängen, Abhängigkeiten und Routinen. Nur tun sich viele von uns damit schwer, da anstehende Veränderungen zu oft mit der Angst vor dem Neuen und Unbekannten einhergehen. Sind wir aber zur Überwindung überholter Gewohnheiten und Strukturen bereit, besteht die Chance, dem Leben offener und freudiger zu begegnen.

> ➤ Welche Zwänge und Bindungen sind uns bekannt, wenn es darum geht, aus überholten Lebensroutinen auszubrechen?
> ➤ Welche Erfahrungen haben wir bei der Überwindung überholter Gewohnheiten und Strukturen gesammelt?
> ➤ Wie ist es uns dabei ergangen?
> ➤ Was war besonders hilfreich, wenn es darum ging, Veränderungen im Leben anzunehmen, um „Neuland" zu entdecken?
> ➤ Können wir bestimme Gewohnheiten heute besser überwinden?
> ➤ Welche Bedeutung schreiben wir in diesem Zusammenhang der Hilfe zur Selbsthilfe zu?

Zitate zum Thema „Loslassen"

Treib' den Fluss nicht an, lass' ihn strömen.
(Laotse, chinesischer Philosoph, der im 6. Jahrhundert vor Christi gelebt hat)

Man wird nie neues Land entdecken, wenn man immer das Ufer im Blick behält.
(unbekannt)

Wenn ich loslasse, was ich bin, werde ich, was ich sein könnte. Wenn ich loslasse, was ich habe, bekomme ich, was ich brauche.
(Laotse, chinesischer Philosoph, der im 6. Jahrhundert vor Christi gelebt hat)

Es ist gut, sich aus den Verhältnissen herauszulösen, die einem die Luft nehmen.
(Paula Modersohn-Becker, deutsche Malerin des Expressionismus)

Im Loslassen liegen die Flügel der Freiheit.
(Volksweisheit)

Jede Begegnung ist eine Erfahrung. Und jedes Loslassen eine Erkenntnis.
(unbekannt)

Der Natur des Menschen entspricht es nicht, immer in eine Richtung zu gehen; sie hat ihr Kommen und Gehen.
(Blaise Pascal, französischer Mathematiker, Physiker, Literat und christlicher Philosoph)

Ich war in der Hölle. Das Einzige, das dort brennt, ist das, was ihr nicht loslassen wollt.
(Meister Eckhart, spätmittelalterlicher Theologe und Philosoph)

Loslassen: Etwas niederlegen können, ohne es als Niederlage betrachten zu müssen.
(Henriette Wilhelmine Hanke, deutsche Schriftstellerin)

Nur wer sein Gestern und heute akzeptiert, kann sein Morgen frei gestalten. Nur wer loslässt, hat freie Hände die Zukunft zu ergreifen.
(unbekannt)

Stillstand bedeutet nicht immer Rückschritt

Über das Wort „Stillstand" findet sich in der freien Internet-Enzyklopädie *Wikipedia* folgende Erklärung: „Im Allgemeinen das Aufhören einer Bewegung, einer Funktion oder ein Verharren am Ort bzw. in einer bestimmten Situation. Das kann sowohl körperliche Gegenstände als auch abstrakte und geistige Vorgänge betreffen."

Nach dieser Definition zeichnet sich ein Stillstand in Form der Erstarrung eines Vorgangs oder eines Prozesses ab. Wenn wir aber ganz genau hinschauen, kommen bestimmte Prozesse in unserem Leben nie ganz zum Stillstand, auch wenn wir meinen, dass eine Flaute eingesetzt hat und nichts mehr geht.

Damit stellt sich die Frage, ob ein Stillstand generell als Rückschritt zu werten ist oder ob er nicht sogar die Chance birgt, Neues zu entdecken und auszuprobieren. Ein Stillstand über einen nicht allzu langen Zeitraum kann für Veränderungen kreativ genutzt werden, soweit wir gewillt sind, uns damit zu beschäftigen. Hält der Stillstand jedoch zu lange an, kann er zum Rückschritt, wenn es hart auf hart kommt sogar zum vollkommenen Erliegen eines Prozesses beitragen. Inwieweit dies alles auf Prozesse des Gruppenlebens zutrifft, könnte im Rahmen einer Diskussion erörtert werden. Beginnen Sie dabei bitte mit der Frage nach den persönlichen Erfahrungen bezüglich der Zeiten des Stillstands im Leben der Gruppenmitglieder und setzen Sie die Diskussion in einem weiteren Schritt in Bezug auf das Miteinander im Gruppenprozess fort.

> ➢ Wo und wann haben Sie in Ihrem Leben schon einmal Zeiten des Stillstands erfahren?
> ➢ Wenn ja, wie ist es Ihnen in diesen Zeiten ergangen?
> ➢ Haben Sie in Ihrer Selbsthilfegruppe schon einmal Zeiten des Stillstands erlebt?
> ➢ Wenn ja, wie hat sich der Stillstand im Gruppenleben bemerkbar gemacht?
> ➢ Bedeutet Stillstand generell Erstarrung oder Bewegungslosigkeit?
> ➢ Was kann und will uns ein Stillstand eigentlich sagen?
> ➢ Welche Möglichkeiten und Chancen der Veränderung gehen mit ihm einher?

Kommunikation und Selbstbewusstsein

Wir alle besitzen eine Freiheit, von der wir viel zu selten Gebrauch machen. Diese Freiheit steht nicht im Grundgesetz, aber sie ist für jeden von uns da. Es ist eine Freiheit, die uns niemand wegnehmen oder beschneiden kann. So haben wir die Wahl, wie wir auf Menschen und Umstände reagieren. Wir haben diese Freiheit, da wir unsere Gedanken wählen können, wie wir uns mit unseren Gesprächspartnern oder bestimmten Situationen auseinandersetzen wollen.

Wenn ich die Einstellung habe: „Man kann keinem Menschen trauen, alle wollen mich nur ausnutzen", dann werde ich den meisten Menschen mit Misstrauen begegnen. Ich werde hinter ihren Worten und ihrem Verhalten eher Negatives vermuten. Dabei besteht die Gefahr, dass ich mich immer mehr verschließe und von anderen abschotte. Mein Gegenüber wird meine Ablehnung spüren oder mein abweisendes Verhalten als Desinteresse an seiner Person deuten. Er wird sich möglicherweise zurückziehen, so dass ich wieder allein dastehe. Nur sehe ich dann meine Einstellung bestätigt, dass anderen Menschen möglicherweise nichts an meiner Person gelegen ist.

Erst wenn ich das Heft meines Lebens in die Hand nehme, kann ich verstehen, dass ich durch stetige Arbeit an meiner Person auch meine inneren Einstellungen ändern kann, um in der Außenwelt sicherer und selbstbewusster aufzutreten. Solche Veränderungen schaffen wir zuerst in unseren Gedanken und Gefühlen und dann in der Alltagswirklichkeit. Hilfreiche Unterstützung können wir dabei besonders von denjenigen Menschen erfahren, die ein ähnliches Schicksal erlebt haben und dazu bereit sind, ihre Erfahrungen mit uns zu teilen.

> ➢ Waren Sie in Zeiten der Sucht gegenüber anderen Menschen allgemein misstrauischer?
> ➢ Was hat sich in dieser Hinsicht bei Ihnen seit dem Beginn der Abstinenz getan?
> ➢ Inwieweit hat die Teilnahme an einer Selbsthilfegruppe dazu beigetragen, dass Sie heute offener auf Ihre Kommunikationspartner/innen zugehen?
> ➢ Welche persönlichen Einstellungen haben sich seit dieser Zeit in Ihrem Kommunikationsverhalten positiv verändert?
> ➢ Welche Bedeutung schreiben Sie dem Zusammenspiel von Selbstwert, persönlicher Offenheit und Kommunikationsbereitschaft zu?
> ➢ Sind Sie im Zuge dieser Entwicklung kritikfähiger geworden?
> ➢ Können Sie heute mit Fremdkritik besser umgehen?

Aus seiner Mitte leben

Manche Betroffene haben in der Abstinenz Probleme damit, sich von falschen Erwartungen anderer Menschen abzugrenzen und auch mal „Nein!" zu sagen. Vielleicht wurden sie in ihrer bisherigen Lebensgeschichte ausgenutzt und waren nicht dazu in der Lage, sich dagegen zu wehren bzw. den auferlegten Erwartungen etwas entgegenzusetzen. Möglicherweise fühlten sie sich minderwertig, was andere Menschen bemerkt und schamlos ausgenutzt haben. Wir könnten in diesem Zusammenhang nun danach fragen, wen die Schuld an einem solchen Verhalten trifft, was aber schwierig und müßig ist. Viel wichtiger ist es, sich selbst anzunehmen, seinen Lebensmittelpunkt zu finden, um auf diesem Wege mehr seelische Stabilität zu erfahren. Es geht dabei um die Stärkung des Selbstbewusstseins, was für das persönliche Auftreten und das Kommunikationsverhalten wichtig ist. Betroffene und Mitbetroffene sollten daher lernen, stärker aus ihrer inneren Mitte zu leben, aus ihrem Sein heraus.

Auch wenn wir in unserem Leben zu wenig Liebe und Anerkennung erfahren haben, so kann der Weg der Abstinenz ein wichtiger Prozess sein, in dem wir unser inneres seelisches Vakuum mit positiven Erlebnissen und Erfahrungen auffüllen, um auf Dauer stabiler zu werden. Dabei müssen wir oft mühsam lernen, uns so anzunehmen, wie wir sind, was bedeutet, sich für seine seelischen und sozialen Belange zu öffnen. Wenn wir achtsam mit uns umgehen und dazu auf Dauer noch ein relativ kritisches Bewusstsein entwickeln, uns im Alltag nicht alles gefallen lassen und lernen, uns abgrenzen, sind wir einen großen Schritt vorangekommen. Eine solche Entwicklung wäre in der nassen Phase der Sucht nicht denkbar gewesen. Daher gilt es, die Chancen der Abstinenz und die Möglichkeiten des Erwerbs neuer seelischer und sozialer Fähigkeiten zu erkennen und produktiv in sein Leben zu integrieren.

> ➢ In welchen Situationen fällt es Ihnen heute noch schwer, „Nein!" zu sagen?
> ➢ Welche Begebenheiten der letzten Wochen oder Monate fallen Ihnen dazu ein?
> ➢ Im Rahme welcher Situationen fällt es Ihnen leichter, sich durch ein klares „Nein!" abzugrenzen?
> ➢ In welchen Situationen fällt es Ihnen möglicherweise immer noch schwer, sich von der Meinung anderer Menschen abzugrenzen?
> ➢ In welchen Situationen fällt es Ihnen eine solche Abgrenzung heute leichter?

Veränderungen annehmen und wertschätzen

Besonders in der Zeit der Neuausrichtung ist es für viele Betroffene und Mitbetroffene nicht immer einfach, durch die eigene Kraft aus den sozialen, seelischen und gesundheitlichen Folgen der Sucht herauszukommen. Jedoch ist der erste wichtige Schritt für eine positive Veränderung schon mit der Teilnahme an einer Selbsthilfegruppe getan, denn hier treffen sich Menschen, die ein gleiches oder ähnliches Schicksal teilen. Die ersten Jahre der Abstinenz können steinig sein. Aber gerade der Verzicht auf das Suchtmittel stellt eine große Chance dar, wieder mehr Lebensfreude im Alltag zu gewinnen. Und genau dieser Zugewinn an Energie und Lebenskraft sollte ein wichtiger Motor sein, um den Weg in eine zufriedene Abstinenz zu beschreiten.

Wie schaffen es aber Betroffene und Mitbetroffene, sich zu motivieren, um in der Abstinenz mehr Lebensfreude zu empfinden? Sie können zum Beispiel durch den Beistand der Gruppe lernen, die schönen Dinge des Lebens wieder anzunehmen und zu genießen, denn dazu bedarf es keines Suchtmittels. So erfahren sie, dass ein aktives Leben auf Dauer Kraft, Freude und Zufriedenheit vermitteln kann. All dies setzt jedoch voraus, dass sie bereit sind, Veränderungen in ihrem Leben aktiv anzunehmen, um sie wertzuschätzen.

Dazu einige Fragen:

> ➤ Wann haben Sie im Rahmen der Abstinenz wieder mehr Freude im Leben empfunden?
> ➤ Wie sah es dabei mit der Wertschätzung Ihrer eigenen Person aus?
> ➤ Welche Bedeutung schreiben Sie in diesem Zusammenhang dem seelischen Wachstum zu, egal, wie lange Sie abstinent leben?
> ➤ Wann begann bei den Mitbetroffenen die Zeit, ab der sie mehr Freude und Zuversicht im Leben erfuhren?
> ➤ Wie haben die Mitbetroffenen dieses Mehr an Freude und Zuversicht wahrgenommen?
> ➤ Welche Auswirkungen hatte der Zugewinn an Kraft und Lebensfreude auf Partnerschaft und die Familie oder Freunde und Bekannte?

Leben ist Wandlung und Entwicklung

Unsere Gesellschaft vollzieht zurzeit einen intensiven Wandel. Dem Einzelnen wird dabei eine besondere Rolle zuteil, denn das Individuum gehört zur neuen Zeit wie der Fisch ins Wasser. Nicht zufällig sprechen Trendforscher von der Entwicklung einer Individualitätskultur. Und nicht zufällig setzen sich immer mehr Menschen mit dem Sinn und Zweck ihres Daseins auseinander. Für uns alle geht es dabei um die Erkenntnis: Damit es uns allen gut geht, bedürfen wir der Qualitäten des Einzelnen. Unsere Gesellschaft hat es aber verlernt, den Einzelnen in seiner Einzigartigkeit und individuellen Entfaltung zu fördern. Die vielfältigen Umbrüche und Veränderungen in unserer schnelllebigen und hektischen Zeit haben dazu beigetragen, dass über die natürlichen Lebensgesetze und die Individualität der Menschen viel zu wenig in der Öffentlichkeit gesprochen wird.

Viele Menschen vernachlässigen ihre Ressourcen und eifern aus den unterschiedlichsten Gründen Zielen nach, die nicht im Geringsten mit ihrem inneren Potenzial in Verbindung stehen. Das ist so, als besäßen wir das Saatgut einer Karotte und strebten danach, zu einer Tomate heranzuwachsen. Der einzelne Mensch bleibt dabei unter seinen Möglichkeiten. Auch stellt sein Beitrag weder ihn selbst noch seine Umgebung zufrieden. Solange alles gut läuft, sieht er weder einen Grund noch die Notwendigkeit, etwas zu lernen, geschweige denn, etwas zu verändern. Der Mensch orientiert sich gerne an Vertrautem, denn das vermittelt ihm Sicherheit. Zudem vergräbt er sich zu oft in seiner Bequemlichkeit. Doch wenn er sich plötzlich in einer für ihn schwierigen Situation wiederfindet, dann gerät er unter Druck und beginnt seine Ressourcen zu mobilisieren.

Leben ist Wandlung und Entwicklung. Reifen und wachsen können wir aber nur, indem wir uns bewegen, Neues ausprobieren und unseren Radius Schritt für Schritt erweitern. Wenn wir uns aber in dieser Hinsicht selbst nicht genügend fordern, kreiert das Leben jene Situationen, die uns fördern sollen. Vom Leben werden wir daher immer wieder aufgefordert, aus der eigenen Komfortzone auszubrechen. Dies erscheint uns manchmal vielleicht unbequem, denn es bedeutet Arbeit und erfordert Flexibilität, Mut und Disziplin. Je mehr wir uns dies aber bewusstmachen, desto einfacher wird es uns fallen, uns dem natürlichen Lebensrhythmus hinzugeben und unbequeme Situationen in bereichernde Erfahrungen umzuwandeln.

> ➢ Wie sind Sie bisher mit Wandlungsprozessen in Ihrem Leben umgegangen?
> ➢ Welche konkreten Beispiele fallen Ihnen dazu ein?
> ➢ Welche Lebenserfahrungen haben Sie aus solchen Prozessen gewonnen?

Neugierig bleiben

Neugierde, Gefühle und Erfolgserwartungen sind innere Anreize, die uns dazu anhalten, uns mit vielen Dingen unseres Lebens zu beschäftigen. Solche Anreize wirken sich unterschiedlich auf unsere sozialen Handlungen aus. So bewirkt Neugierde das Verlangen, Neues kennenzulernen und Verborgenes zu entdecken. Der Unterschied zwischen gefühlsmäßigem Anreiz und Neugierde liegt darin, dass für eine Handlung erst bestimmte Bedürfnisse geweckt werden müssen. Dabei gilt es zu erkennen, dass wir etwas Bestimmtes wollen. Ein Beispiel dazu ist die Abstinenz. Durch den Verzicht auf das Suchmittel erhoffen wir uns nicht nur mehr Zufriedenheit, sondern auch Anerkennung in unserem sozialen Umfeld. Auch können wir in der Abstinenz viele neue Seiten an uns und unserem Leben entdecken. All dies kann uns motivieren, an uns zu arbeiten, das Leben mit Freude zu genießen und darin einen Sinn zu sehen. Dabei können Erfolgserwartungen unsere Motivation steigern. Dies ist besonders dann der Fall, wenn wir davon überzeugt sind, dass wir mit unserer inneren Handlung etwas Positives bewirken können. Psychologen sprechen hier von einer „intrinsischen Motivation" (lateinisch intrinsecus = *hineinwärts* oder *inwendig*).

Im Arbeitsleben sind wir besonders motiviert, wenn uns bedeutsame ganzheitliche und abwechslungsreiche Aufgaben übertragen werden. Hierzu gehören Aufgaben, die uns fordern, aber nicht überfordern und die uns vor allem neugierig machen. Wir sind noch stärker motiviert, wenn wir dabei in Entscheidungsprozesse einbezogen werden. Soweit wir einen Sinn in unseren Aufgaben sehen und sie als konstruktive Herausforderungen betrachten, sind wir bereit, uns ihnen zu stellen. Wir werden sie dann nicht nur erledigen, weil wir es müssen, sondern weil wir es wollen. Denn solche Aufgaben machen neugierig und treiben unsere innere Motivation voran, besonders dann, wenn wir dabei auch noch durch unsere Mitmenschen wertgeschätzt werden.

> ➤ Was motiviert Sie in Ihrem Arbeitsleben besonders und fordert Sie konstruktiv heraus?
> ➤ Was empfinden Sie eher als seelische oder/und körperliche Belastung?
> ➤ Was baut Sie dagegen auf und gibt Ihnen Kraft?
> ➤ Welche Beispiele aus dem Arbeitsleben fallen Ihnen dazu ein?

Verborgene Schätze

 Da wir uns mit dem Thema „Wertschätzung" beschäftigen, sollten wir es auch auf unsere positiven Erfahrungen beziehen, die wir bisher in der Abstinenz gemacht haben. Hin und wieder ist es hilfreich, sich seinen Weg von der nassen Phase zu den einzelnen Stationen der Abstinenz vor Augen zu halten und sich zu fragen, was bisher erreicht wurde, wo wir heute stehen und welche Ziele vielleicht noch anzugehen sind.

Dabei ist es egal, wie lange Sie inzwischen abstinent leben. Wichtig ist nur, die Wegmarken, die das suchtmittelfreie Leben bisher gefördert haben, ausreichend zu würdigen oder - besser gesagt - wertzuschätzen.

Dazu gehören auch kleinere Begebenheiten, die Ihnen auf Anhieb vielleicht gar nicht so wichtig erscheinen mögen, bei denen sich aber oft herausstellt, wie bedeutsam sie im Endeffekt doch waren oder sind.

Dies kann zum Beispiel die Erfahrung sein, seit dem Ende der Sucht Kleinigkeiten im Alltag wieder stärker wahrzunehmen, so z. B. in Bezug auf emotionale und sinnliche Eindrücke (z. B. den Duft einer Rose, die Umarmung durch einen Menschen, der einem nahesteht). Dies alles sind Begebenheiten, die in der nassen Phase der Sucht vielleicht nicht so wichtig waren, in der Abstinenz aber wieder an Bedeutung gewinnen.

Oft sind es die kleinen Schätze des Alltags, die das Leben bereichern. Es sind Mosaiksteine eines ganzheitlichen Prozesses, der seine positive Wirkung auf die innere Zufriedenheit nach und nach entfaltet. Wenn wir es schaffen, uns damit ein wenig näher zu beschäftigen, werden wir sehen, wie wichtig auch die kleinen und unscheinbaren Dinge für unsere seelische Balance sind. Die Kunst, zufrieden zu sein oder zu werden, liegt in der Fähigkeit, Glück aus gewöhnlichen Dingen zu ziehen.

Diskutieren Sie doch in der Gruppe über diesen Text und fragen Sie in die Runde, welche „Schätze des Alltags" die Gruppenmitglieder in letzter Zeit glücklich gemacht haben.

Ziele im Leben stecken und erreichen

Haben Sie vielleicht schon einmal darüber nachgedacht, wie Sie Ihre Ziele formulieren? Handelt es sich um konkrete Ziele, die so formuliert sind, dass eindeutig klar ist, ob und wann sie erreicht werden können? Oder sind es Ziele, die eher vage formuliert sind? Wichtig ist, dass Sie genau wissen, was Sie in Bezug auf Ihre Ziele erreichen wollen. Daher lohnt es sich, nicht nur über Ziele zu sprechen, sondern sie auch schriftlich festzuhalten. Je häufiger und deutlicher Sie sich Ihre Ziele vor Augen führen, desto mehr prägen sie sich in Ihr Bewusstsein ein. Wie oft haben Sie gute Ideen schon beiseitegeschoben, weil Sie der Meinung waren, sie wären unrealistisch und taugten wenig? Wichtig dabei ist nur, Vorstellungen über seine Ziele zu haben und an sie zu glauben. Dazu ist es hilfreich, darüber nachzudenken, was Sie bisher erreicht haben und auf welche Resultate Sie in Ihrem Leben mit Recht stolz sein können. Dies könnte z. B. die Lösung bestimmter Probleme sein, die Sie im Laufe der abstinenten Zeit gemeistert haben.

Wenn wir uns Ziele setzen und dabei systematisch unser Selbstvertrauen stärken, dann werden Dinge möglich, die wir bisher für unmöglich hielten. Leider sind wir oftmals viel zu schnell mit dem Wort „unmöglich". Denken wir aber nur einmal zurück: Haben wir nicht im Leben schon viele Dinge erreicht, die uns zunächst unmöglich erschienen? Sich Ziele zu setzen, erscheint wichtig, weil sie uns kreativ herausfordern und unser Selbstbewusstsein stärken können.

> ➢ Halten Sie im Rahmen einer Gruppenstunde doch einmal fest, was Sie alles in Ihrer Gruppe bisher erreicht haben.
> ➢ Lassen Sie dabei wichtigste Prozesse der Gruppenarbeit noch einmal Revue passieren.
> ➢ Fragen Sie sich in einem weiteren Schritt, welche Ziele Sie in Ihrem privaten Alltag anstreben und wie Sie diese erreichen wollen.
> ➢ Fragen Sie auch danach, welche Hilfe und Unterstützung Ihnen die Gruppe geben kann, wenn es um die Realisierung Ihrer persönlichen Ziele geht.

Literaturempfehlungen

Norbert Copray (2010): Fairness. Der Schlüssel zu Kooperation und Vertrauen. Gütersloh: Gütersloher Verlagshaus.

Franziska Engel (2018): Selbstwertgefühl: Die Macht der Freundschaft mit sich selbst. Verlag Independently published.

Joachim Giehm (Hrsg.) (2006): Hurra, wir sind trocken. 15 Geschichten rund um den Alkohol. Frankfurt am Main: August von Goethe Literaturverlag.

Anselm Grün (2017): Wertschätzung. Die inspirierende Kraft der gegenseitigen Achtung. Freiburg im Breisgau: Herder Verlag.

Claus Wolfgang Hemman (2010): Gelebtes Leben und dreißig Jahre trocken. Berlin: Epubli Verlag.

Volker Kitz/Manuel Tusch (2009): Ich will so werden, wie ich bin. Für Selbsterleber. Frankfurt am Main: Campus Verlag.

Barbara von Maibom (2006): Wertschätzung: Wege zum Frieden mit der inneren und äußeren Natur. München: Kösel Verlag.

Jörg Müller (2004): Nein sagen können: Verständnis und Missverständnis christlicher Demut. Kiel: J. F. Steinkopf Verlag.

Jorge Bucay (2016): Selbstbestimmt leben: Wege zum Ich. Frankfurt am Main: Fischer Verlag.

Kai Pollak (2007): Durch Begegnung wachsen. Für mehr Achtsamkeit und Nähe im Umgang mit anderen. München: Südwest Verlag.

Heinz-Peter Röhr (2013): Die Kunst, sich wertzuschätzen - Angst und Depression überwinden - Selbstsicherheit gewinnen. Ostfildern: Patmos Verlag.

Thomas Trobe/Brigitte Dermant Trobe (2004): Vertrauen ist gut – Selbstvertrauen ist besser. Köln: Innenwelt Verlag.

Paul Watzlawick (2011): Menschliche Kommunikation: Formen Störungen Paradoxien. Bern: Huber Verlag. Stuttgart: Camino Verlag.

Beate Maria Weingardt (2018): Wertschätzung als Haltung: Gut mit sich und anderen umgehen. Stuttgart. Verlag Katholisches Bibelwerk.

Lust auf Leben ist mehr

Lust auf Leben ist mehr...

Mit dem Thema „Lust auf Leben" sollen Themen angesprochen werden, die sich mit der Vielfalt des menschlichen Seins beschäftigen und dabei helfen, den Blick auf das soziale Bezugssystem zu weiten. Es geht dabei vor allem um das Erleben innerer Zufriedenheit und die Kunst des Genießens, was voraussetzt, dass man sich auf solche Prozesse einlassen kann. Wer diese Kunst beherrscht, hat große Chancen, die schönen Seiten des Lebens besser anzunehmen.

Dies hört sich alles einfach an, was es aber für suchtkranke Menschen nicht immer und überall ist, da die Annahme positiver Dinge kein leichtes Unterfangen ist. Verwiesen sei hier auf die Suchtkrankengeschichte und die dahinterstehenden Ursachen, mit denen man sich im Laufe seiner Abstinenz erst einmal näher auseinandersetzen muss, um das Leben für neue Eindrücke und Begebenheiten zu öffnen.

Dabei ist es das Zusammenspiel von Licht und Schatten, dass das menschliche Leben so dynamisch, interessant und intensiv macht. Lust auf Leben bedeutet dann, sich mit beiden Seiten der Medaille zu beschäftigen, zu denen auch negative Lebensereignisse gehören.

Leider geht man solchen tiefgreifenden Geschehnissen zu gern und oft aus dem Weg, indem man vor ihnen wegläuft bzw. sie durch die Flucht in gesundheitsriskante Verhaltensweisen verdrängt und dabei hofft, dass sich die Probleme schon von alleine lösen werden. Wer das Leben aber genießen will, sollte lernen, sich seinen Problemen zu stellen, um sie konstruktiv zu bearbeiten. Inwieweit dabei der Faktor „Zeit" eine Rolle spielt, darauf geht der folgende Text näher ein.

„Ich habe keine Zeit!"

„Ich habe leider keine Zeit!" Wie oft kommt uns dieser Satz in den letzten Jahren immer wieder zu Gehör? Und wie oft haben wir schon selbst so argumentiert?

Immer mehr Menschen scheinen unter enormen Stress zu stehen, so dass es sich dabei schon fast um ein „Statussymbol" handelt. Man könnte es auch so auslegen, dass derjenige, der keinen Stress hat, nicht richtig arbeitet oder zumindest keinen anspruchsvollen Beruf ausübt, was aber gemein wäre. Dazu kommt, dass wir schon längst nicht mehr Herr der vielen technischen Entwicklungen sind, die eigentlich dazu dienen sollen, Zeit einzusparen. Die Realität lehrt uns aber etwas anderes, denn aller Orten und Wege klagen mehr und mehr Menschen über zu wenig Zeit. Und wer kennt es nicht, das pausenlose Gebimmel von Erinnerungstönen auf dem Handy, die uns unnachgiebig dazu antreiben, endlich die nächste Aufgabe oder den Termin in Angriff zu nehmen. Dabei lässt sich beobachten, dass zum Beispiel ein vertrautes Gespräch mit unserem Gegenüber abgebrochen wird, obwohl es wichtig und höflich wäre, es in Ruhe beenden.

Zeitmangel ist jedoch nicht nur ein persönliches, sondern auch ein gesellschaftliches Problem, wobei wir verlernt haben, zwischen wichtigen und unwichtigen Dingen zu unterscheiden. So erledigen wir dringende Aufgaben meistens für andere, wobei für unsere eigenen Interessen und für unsere Mitmenschen oft zu wenig Zeit übrigbleibt. An den dringend zu erledigenden Aufgaben muss zwar nichts negativ sein, nur bleiben dabei zu oft ureigene Wünsche und Vorhaben auf der Strecke. Dabei ist es inzwischen schon so weit, dass immer mehr erwerbstätige Menschen auch nach Feierabend noch für Vorgesetzte und Kollegen per E-Mail und Smartphone erreichbar sein müssen. Wie sollen sie da zur Ruhe kommen? In diesem Sinne haben uns die neuen Medien schon rund um die Uhr im Griff, selbst in den kleinsten Nischen unseres Alltags sind wir davor nicht mehr gefeit. Nur kann durch ein solches Verhalten leicht aus den Fugen geraten, was uns eigentlich wichtig ist. Wer damit beginnt, sein Leben zumindest ein Stück weit zu entschleunigen, hat die Chance, sich auf die wirklich wichtigen Dinge im Leben zu konzentrieren, um sie besser wertzuschätzen.

Schauen Sie sich zu diesem Thema bitte auch den Text des Liedes „Weg da!" des niederländischen Singer-Song-Writers Herman van Veen auf der kommenden Seite an, der sich für eine Gruppendiskussion lohnt.

Weg da!

(Songtext von Hermann von Veen[12])

Schnell weg da, weg da, weg,
mach Platz sonst gibt's nur Streit,
wir sind spät dran und haben keine Zeit.

Schnell weg da, weg da, weg,
es tut uns furchtbar Leid,
wir schaffen's kaum, der Weg ist ja so weit.

Wir müssen rennen, springen, fliegen, tauchen, hinfall'n
und gleich wieder aufsteh'n.
Wir dürfen keine Zeit verlieren,
können hier nicht steh'n, wir müssen geh'n.

Ein andermal sehr gern, dann setzen wir uns hin
und reden über Gott, Lotto und die Welt.
Na dann, macht's gut, bis bald,
es hat jetzt keinen Sinn,
wir müssen dringend los, denn Zeit ist Geld.

Wir haben kein Minütchen, kein Sekündchen mehr,
wir müssen uns beeilen.
Kommt, legt doch zu noch einen Zahn,
es ist für uns die höchste Eisenbahn.

---

[12] Aus dem Album *De wonderlijke avonturen van Herman van Veen,* URL: https://genius.com/Herman-van-veen-weg-da-lyrics.

Selbstkontrolle und Perfektion

Menschen fragen sich in einer stillen Stunde manchmal, warum sie auf der Welt sind. Auf eine solche Frage lassen sich natürlich unterschiedliche Antworten finden, von denen eine oftmals lautet: „Um es zu genießen!" Dabei gibt es viele Möglichkeiten, das Leben und die Welt zu bestaunen und zu bewundern, was sich auf die Natur, auf schöne Musik, die Liebe, die Freundschaft, das Lachen, gutes Essen usw. beziehen kann. All dies berührt unsere Sinne, damit wir solche Begebenheiten genießen können. Rein theoretisch scheinen solche Genüsse möglich, nur im praktischen Sinne tun wir uns oftmals schwer damit. Eine bedeutende Rolle spielt dabei der weit verbreitete Optimierungswahn, der dazu verleitet, allen Anforderungen des Lebens mehr als gerecht zu werden, was im Endeffekt dazu führt, dass dies zu Lasten unserer sinnlichen Wahrnehmung geht. Gefragt sind heute perfekt modellierte Lebensläufe, die mit einer überzogenen Selbstkontrolle einhergehen. So soll der moderne Mensch immer effizienter funktionieren, sich an das schneller laufende Hamsterrad hochgerüsteter Technik und Produktion gewöhnen, so dass er schon bald nicht mehr weiß, wann er innerlich loslassen soll. Immer mehr Menschen klagen über einen stressigen Berufs- und Privatalltag, in dem es ihnen immer weniger gelingt, das Leben in vollen Zügen zu genießen. Wenn man sich ständig optimiert, sein Ziel aber nur unter extremen Anstrengungen erreicht, kann es mit dem Lebensgenuss auch schlecht klappen. Dabei kommen immer mehr Menschen aus ihrem Kontrollwahn nicht mehr heraus, da sie der Überzeugung sind, sie müssen sich den schneller laufenden Zeittakten und den äußeren wie inneren Kontrollinstanzen immer mehr anpassen, um sich ihren „Genuss" zu verdienen.

> ➤ Wie sieht es mit der Selbstkontrolle in Bezug auf Ihr abstinentes Leben aus?
> ➤ Welche Veränderungen im Denken und Handeln erscheinen Ihnen dabei wichtig, um mehr Lebensgenuss zu erfahren?
> ➤ Was muss geschehen, damit Sie Ihr Leben intensiver genießen können?
> ➤ Was hat das Ganze mit dem Loslassen-Können zu tun?
> ➤ Und welche Rolle spielt dabei die Selbstbestimmung des Lebens?

Bestimme ich mein Leben selbst?[13]

Bei all den Anforderungen und Zwängen, denen wir heute im beruflichen und privaten Alltag ausgesetzt sind, sollten wir nicht vergessen, wie wichtig es ist, sein Leben in vollen Zügen zu genießen.

In diesem Sinne darf Lust auf Leben auch in der heutigen Zeit ohne schlechtes Gewissen bestehen. Diese Lust entsteht in unserem Inneren, wo wir mit uns alleine sind, aber auch in unserem sozialen Umfeld, wo die Begegnung mit anderen Menschen stattfindet. Lust auf Leben hilft uns dabei, auch traurige Momente des Daseins intensiv zu erleben und ermöglicht es uns, durch Hoffnung neue Zuversicht zu erlangen.

Es wäre schön, wenn Sie sich in der Gruppe einmal intensiv über das Thema „Lust auf Leben" austauschen. Die folgenden Fragen können dabei hilfreich sein, eine solche Diskussion in Ihrer Gruppe durchzuführen.

> ➢ Bestimme ich mein Leben selbst?
> ➢ Welche Voraussetzungen schaffe ich, um mein Leben zu genießen?
> ➢ Erlaube ich es mir, Wünsche, Sehnsüchte und Veränderungen in meinem Leben zu formulieren?
> ➢ Inwieweit bin ich dazu bereit, Veränderungen einzufordern?
> ➢ Mit welchem Personenkreis kann ich in meinem Alltag Gespräche über mögliche Veränderungen führen?
> ➢ Was löst bei mir Freude oder Angst aus, wenn es um das Thema „Lust auf Leben" geht?
> ➢ Welche Gründe gibt es für solche positiven oder negativen Reaktionen?

---

[13] Dieser Text stammt aus dem LEB-Reader „Lust auf Leben" von Anne Schröder-Sternberg und Peter Sieber-Klapprott aus dem Jahr 1992 und wurde vom Autor dieses Buches überarbeitet.

Genussfähig werden und bleiben

Da wir uns in diesem Kapitel mit dem Thema „Lust auf Leben" beschäftigen, sollten wir ein wichtiges Thema nicht aussparen, und zwar die individuelle Fähigkeit zum Genuss. Gerade das abstinente Leben bietet vielfältige Möglichkeiten, um auf Dauer genussvoller zu werden. Abstinenz ist in diesem Sinne mehr als der Verzicht auf das Suchtmittel, von dem wir abhängig waren.

Fragen Sie sich doch mal, wie lange es her ist, wann Sie bestimmte Dinge in Ihrem Alltag so richtig genießen konnten. Zwar ist bekannt, dass in unserer hektischen Zeit so mancher Genuss zu kurz kommt, aber das Genießen-Können bietet vielfältige Möglichkeiten, um dem gewöhnlichen Alltagsstress zu entfliehen und auf diese Weise gelöster mit Belastungen und Problemen umzugehen.

Beim Genießen handelt es sich um eine elementare Fähigkeit, die eng mit unseren Sinnen bzw. unserer sinnlichen Wahrnehmung verknüpft ist. Genussfähig zu werden und zu bleiben, hat viel mit dem Hören, Sehen, Riechen, Fühlen und Schmecken zu tun. Die meisten dieser Sinne waren in der Zeit der Sucht in Mitleidenschaft gezogen und warten im Laufe der Abstinenz darauf, nach und nach aktiviert zu werden.

Die sinnliche Wahrnehmung funktioniert vor allem dann gut, wenn wir ganz bei der Sache sind, uns also auf bestimmte Einflüsse oder Reize einlassen können. Genießen zu können, dies hat vor allem etwas mit dem Leben im Hier und Jetzt zu tun. Dabei spielt der Aspekt der Achtsamkeit eine Rolle, die, mehr als wir meinen, mit unserem sinnlichen Erleben und unserer aktiven Wahrnehmung verbunden ist. Wer sich auf ein solch sinnliches Erleben einlässt, wird auf Dauer eine bessere seelische und körperliche Enspannung erfahren. Und nicht nur das, denn wenn man etwas Schönes und Angenehmes erlebt, stärkt dies gleichzeitig die Selbstwahrnehmung und das Selbstvertrauen. In diesem Sinne hat die Kunst des Genießen-Könnens einen positiven Einfluss auf unser Wohlbefinden.

Fragen Sie doch einmal in Ihrer Gruppe, welche Genüsse für die Gruppenmitglieder im Laufe Abstinenz an Bedeutung gewonnen haben und welche Erfahrungen und Erkenntnisse sie damit in Verbindung bringen. Was ist für die Gruppenmitglieder heute wichtig, wenn es um das Genießen mit allen Sinnen geht? Ein spannende Diskussion dürfte mit diesem Thema garantiert sein. Schauen Sie sich dazu bitte auch die Zitate auf der folgenden Seite an.

Zitate zum Thema „Lebensgenuss"

Genieße mäßig Füll und Segen. Vernunft sei überall zugegen, wo Leben sich des Lebens freut. Dann ist Vergangenheit beständig, das Künftige voraus lebendig, der Augenblick ist Ewigkeit.
(Johann Wolfgang von Goethe, deutscher Dichter und Naturforscher)

Ich steh doch immer wieder auf, auch wenn bis jetzt noch vieles mies war. Ab heute wird nichts mehr versäumt: Wer nicht genießt, ist ungenießbar.
(Konstantin Wecker, deutscher Musiker, Liedermacher, Komponist, Schauspieler und Autor)

Das Glück gehört denen, die sich selbst genügen. Denn alle äußeren Quellen des Glückes und Genusses sind, ihrer Natur nach, höchst unsicher, misslich, vergänglich und dem Zufall unterworfen.
(Arthur Schopenhauer, deutscher Philosoph, Autor und Hochschullehrer)

Genuss kann unmöglich das Ziel des Lebens sein. Genuss ohne etwas darüber ist etwas Gemeines.
(Christian Morgenstern, deutscher Dichter, Schriftsteller und Übersetzer)

Nicht alles, was Genuss bereitet, ist auch wohltuend, aber alles, was wohltuend ist, bereitet auch Genuss.
(Pythagoras von Samos, griechischer Philosoph)

Jeder Frühlings-Sonnentag schließt nur für ein paar Menschen, die imstande sind, ihn zu genießen, unter Millionen, die nicht dazu imstande sind, das Glück der Erde und also den Himmel auf.
(Wilhelm Rabe, deutscher Schriftsteller und Erzähler)

Auch im Genuss soll stets die Weisheit führen.
(Voltaire, französischer Philosoph und Schriftsteller)

Wie ich die Welt betrachte[14]

Wir leben in einer schwierigen Zeit des gesellschaftlichen und sozialen Umbruchs, der Anonymität, der zunehmenden Haltlosigkeit und des In-Frage-Stellens. Wir sind geneigt, alte Werte und überlieferte Traditionen (soweit sie noch bestehen) in Zweifel zu ziehen, wobei sich akzeptable Alternativen oft nur schwer finden lassen. Wir sind im Zuge solcher Entwicklungen mehr oder wenig auf uns selbst zurückgeworfen und müssen in unserem Alltag vielfach individuelle Antworten auf bestimmte Anforderungen und Belastungen finden. Unser Alltag ist zweifelsohne schnelllebiger geworden und fordert uns in vielen Bereichen immer wieder neu heraus. Vielmehr als in früheren Zeiten sind wir im Prozess des Suchens und Selbstfindens auf uns zurückgeworfen und angehalten, unser Leben in die eigenen Hände zu nehmen. Wir lernen dabei, uns in eine neue und sich dauernd verändernde Welt hinauszubewegen, in der die uns altbekannten Spielregeln immer weniger Gültigkeit haben. Es nutzt also nichts, wenn wir uns verschließen, denn wer eine neue Welt gewinnen will, sollte den Mut aufbringen, die alte nach und nach loszulassen. Dazu einige Fragen, die die Gruppendiskussion anregen sollen:

> ➢ Vergleiche ich die Welt, in der ich heute lebe, mit der Welt vor einigen Jahrzehnten oder gar mit der meiner Kindheit?
> ➢ Wo stehe ich heute, und in welche Richtung lasse ich mich treiben?
> ➢ Auf was will ich mich vorbereiten?
> ➢ Ist mir bewusst, wo ich heute stehe und in welche Richtung mich der Lebensstrom führt?
> ➢ Was ist für mich vor allem wichtig?
> ➢ Und wie bereite ich mich auf das vor, was mich erwartet?
> ➢ Will ich für mein Handeln verantwortlich sein und dabei die Augen offenhalten?
> ➢ Oder möchte ich in meinem Leben lieber Schutzfassaden aufbauen?
> ➢ Welche Bedeutung messe ich einer kritischen Einstellung bei, wenn es um meine persönliche Betrachtung der Welt geht?

---

[14] Der Text stammt aus dem LEB-Reader „Lust auf Leben" von Anne Schröder-Sternberg und Peter Sieber-Klapprott. Er wurde in einigen Passagen vom Autor dieses Buches aktualisiert.

Sicher ist sicher[15]

„Das ist nicht sicher genug!" Wie oft gebrauchen wir diese Redewendung in unserem Alltag? Und wieviel Zeit investieren wir, um auf *Nummer sicher* zu gehen? Was aber ist in einer Welt los, in der die Rahmenbedingungen, die uns bisher Halt vermittelten, immer mehr an Tragfähigkeit verlieren? Im Alltagsleben des modernen Menschen häufen sich solche Krisenerfahrungen, die die Basis des Lebens schnell brüchig werden lassen. Festmachen lässt sich das an folgenden Ereignissen:

Wenn die Luft, das Trinkwasser, der Boden, die Sonne nicht mehr die vertraute Lebensqualität bieten, sondern zu gesundheitlichen Risiken in Bezug auf Umweltbelastungen und Umweltverschmutzungen werden.

Wenn Lebenspläne von hoffnungsvollen Menschen in einer Zeit der gesellschaftlichen Umbrüche und Veränderungen und der damit einhergehenden Anforderungen zerbrechen, weil sie unter Stress stehen oder den Bedingungen der Arbeit nicht mehr standhalten oder sich aufgrund von Arbeitslosigkeit und Geringbeschäftigung überflüssig fühlen.

Wenn Menschen die Belastungen des Lebens- oder Ehepartners nicht mehr ertragen, der ihnen signalisiert, sie seien es nicht mehr wert, das Leben miteinander zu teilen.

Wie gehen Menschen aufgrund dieser Vorkommnisse mit ihrem Wunsch nach Sicherheit, Integration und Anerkennung um? Was bedeutet es für den Einzelnen von uns, auf *Nummer sicher* zu gehen? Wir alle kennen solche Fragen, wurden wir doch mehr oder weniger im Laufe unseres Lebens damit konfrontiert, sei es in der Zeit der Sucht oder danach. Nehmen Sie die folgenden Fragen bitte zum Anlass, um über diesen Text in Ihrer Gruppe zu diskutieren.

> ➤ Welche Bedeutung hat Sicherheit in Ihrem Alltag?
> ➤ Welche Bedeutung hat sie allgemein in Ihrem Leben?
> ➤ Wie ist Ihr Lebensgefühl, wenn Sie sich unsicher fühlen?
> ➤ Wie ist es, wenn Sie sich sicher fühlen?
> ➤ Welche Unterschiede lassen sich in Bezug auf das Thema „Sicherheit" zwischen weiblichen und männlichen Gruppenmitgliedern finden?
> ➤ Welche Unterschiede bestehen in dieser Hinsicht zwischen Betroffenen und Mitbetroffenen?

---

[15] Dieser Text stammt aus dem LEB-Reader „Lust auf Leben" von Anne Schröder Sternberg und Peter Sieber-Klapprott und wurde vom Autor dieses Buches überarbeitet und zum Teil ergänzt.

Mit sich alleine sein können

Um das Leben genießen zu können, sind einige Voraussetzungen wichtig, damit wir diesen Genuss auch intensiv wahrnehmen können. Der kommunikative Austausch mit Menschen, die uns nahestehen, spielt dabei eine zentrale Rolle, da wir dadurch an Ich-Stärke und Selbstwertgefühl gewinnen können. Ehrliche und offene Kommunikation stellt gerade für Suchtkranke ein bedeutendes Mittel dar, um seelisch wachsen zu können. Dies gilt besonders für die Teilnahme an einer Selbsthilfegruppe, da Offenheit und Ehrlichkeit wesentliche Merkmale des gemeinsamen Austausches sind.

Lust auf Leben hängt vor allem mit der Begegnung mit unseren Nächsten zusammen, wozu das Sich-Öffnen und das Kontakt-Knüpfen gehören. Das Erleben von Nähe und das Füreinander-Dasein sind in diesem Sinne wesentliche Elemente des sozialen Miteinanders, da sie uns Rückhalt und Schutz bieten können. Sie sind vor allem von Bedeutung, da sie das notwendige Maß an Achtsamkeit und Einfühlung gegenüber unseren Kommunikationspartnern ermöglichen. Genauso wichtig ist es aber auch, dass wir lernen, mit uns alleine zu sein, damit wir uns auf unser Inneres konzentrieren können. Nur fällt das Alleinsein manchen Menschen nicht leicht. Wenn sie sich aber dafür öffnen, können sie lernen, zufriedener mit sich und ihrem Leben zu sein. Sie schaffen es dann eher, nicht alles von anderen Menschen zu erwarten. Das Alleinsein-Können bezieht sich hier auf das eigenständige Handeln und sollte daher nicht mit dem Alleingelassen verwechselt werden. Wer neben seinen sozialen Bezügen das Alleinsein genießen kann, wird auf Dauer stärker in sich ruhen und innerlich ausgeglichener. Denn wenn wir mit uns alleine sind, können wir uns näher sein und besser annehmen. Theresa von Avila bemerkte dazu einst: „Muss man Flügel haben, um auf die Suche nach sich selbst zu gehen? Man braucht sich nur in die Einsamkeit zu begeben."

> ➤ Welche Bedeutung schreiben Sie dem Alleinsein zu?
> ➤ Wie sah es damit in der nassen Phase der Sucht und den ersten Jahren der Abstinenz aus?
> ➤ Was hat sich bis heute bei Ihnen getan, wenn es um das Aushalten des Alleinseins geht?
> ➤ Welche positiven Erkenntnisse haben Sie daraus für Ihr Leben gewonnen?

Zum Umgang mit Gefühlen[16]

Der Umgang mit Gefühlen ist für suchtkranke Menschen und ihre mitbetroffenen Partnerinnen und Partner ein äußerst wichtiges Unterfangen. Nach der langen Zeit der Sucht müssen viele von ihnen oft mühsam lernen, offen über ihre Gefühle zu reden. Die folgenden Fragen sollen dabei helfen, eine gezielte Gruppendiskussion zu diesem Thema anzuregen. Sie müssen jedoch nicht alle Fragen beantworten, sondern es reicht aus, wenn Sie davon jene behandeln, von denen Sie meinen, dass sie für den Austausch in der Gruppe genügen.

Wo begegnet uns in unserem Sprachgebrauch das Wort „fühlen"? Finden Sie dazu Beispiele oder Umschreibungen.

Was sind Gefühle? Was sind vor allem „echte" Gefühle?

Wie behandeln wir gedanklich unsere Gefühle?

Haben Gefühle überhaupt einen Sinn?

Welche Rolle spielen sie im menschlichen Leben?

Wo nutzen Gefühle, wo schaden sie sogar vielleicht?

Was drücken Gefühle in der Körpersprache aus?

Bin ich eher ein emotionaler Mensch?

Kann ich mich an Gefühle erinnern, die schon länger her sind?

Wenn ja, was war der Anlass für solche Gefühle?

Kann man sich auf seine Gefühle verlassen?

Inwieweit ist unsere Gesellschaft bereit, mit Gefühlen umzugehen?

Gibt es Lernwege, Gefühle besser wahrzunehmen, ihnen offener zu begegnen?

Was passiert mit meiner Befindlichkeit, wenn ich meine Gefühle unterdrücke?

Möchte ich mich auf Dauer emotional noch stärker öffnen?

---

[16] Dieser Text stammt zum Teil aus dem Reader „Lust auf Leben" von Anne Schröder-Sternberg und Peter Sieber-Klapprott und wurde vom Autor dieses Buches aktualisiert.

Kraft aus unserer Mitte spüren und genießen[17]

Inwieweit gibt es äußere Einflüsse, die es uns verwehren, ein Leben zu führen, das mit unseren tiefsten Wünschen übereinstimmt? Dies können zum Beispiel Arbeitsprozesse oder bestimmte Begebenheiten sein, die uns stark unter Beschlag nehmen und dafür sorgen, dass wir nicht zu dem finden, was wir eigentlich ersehnen. Um es aber zu erreichen, sind wir immer wieder gefordert, unsere eigene „Mitte" zu finden, um von diesem Punkt aus unserem Leben zu gestalten.

In seiner Mitte zu sein beschreibt einen Zustand des inneren Gleichgewichts, bei dem seelisch-mentale und körperliche Prozesse eine wichtige Rolle spielen. An diesem Zustand sind unterschiedliche Faktoren beteiligt, wozu z. B. Geistiges aller Art, aber auch im engeren Sinne Geistliches im spezifisch religiösen Sinne gehören, also all das, was man dem „oberen" Bereich zuordnet. Ein weiterer Aspekt ist die Verbundenheit mit dem Boden, auf dem wir stehen, was dem unteren Bereich zugeordnet wird. Zur Waagerechten gehören die soziale Welt bzw. das soziale Umfeld, womit die Mitmenschen gemeint sind, mit denen wir Kontakt stehen. Erst durch die Verbindung der einzelnen Elemente und Ebenen erfahren wir das Leben in seiner Vielfalt und Ganzheit. Die eigentliche Kunst des Lebens besteht darin, sich auf seine Mitte zu konzentrieren und sein Leben von diesem Punkt aus auszurichten. Dies erlaubt es uns, unsere inneren Kräfte zu aktivieren, um das Leben in all seinen Formen und Facetten wahrzunehmen.

> ➢ Wie sah es mit der inneren Mitte bei Ihnen in Zeiten der Sucht aus?
> ➢ Haben Sie in der Abstinenz gelernt, stärker aus Ihrer inneren Mitte zu leben?
> ➢ Inwieweit kann eine solche Haltung dazu beitragen, ausgewogener zu leben?

---

[17] Dieser Text stammt aus dem Reader „Lust auf Leben" von Anne Schröder Sternberg und Peter Sieber-Klapprott. Er wurde in einigen Passagen vom Autor dieses Buches überarbeitet.

Bildbetrachtung[18]

Betrachten Sie das obige Bild bitte ganz in Ruhe. Was ist Ihr erster Eindruck? Welche Stimmungen löst es in Ihnen aus? Versuchen Sie das Bild mit möglichst vielen Eigenschaftsworten zu beschreiben, indem Sie sich mit der Mühle identifizieren. Was haben Ihre Zuschreibungen an die Mühle mit Ihrem Leben zu tun? Versuchen Sie vor allem Eigenschaften und Stimmungen für die unterschiedlichen Windrichtungen zu finden. Welchen Winden ist die Mühle besonders stark ausgesetzt (z. B. warmer Südwind = genießen; rauer Nordwind = frieren, Unwohlsein)?

Inwieweit lassen sich die unterschiedlichen Windrichtungen mit den Schlagworten: „Zufriedenheit", „traurig sein", „Alleinsein", „Begegnung" beschreiben?

Welche Möglichkeiten sehen Sie, sich den Windeinflüssen zu entziehen?

Beziehen Sie Ihre Energie nur von einer Windrichtung?

Oder kann Ihnen jede Windrichtung etwas geben?

Was können Sie mit den gewonnenen Energien tun?

Können Sie z. B. fremde Energien in Eigenenergie umwandeln?

Können Sie Reserven anlegen?

Je mehr Wind, desto mehr Widerstand muss ich bieten, aber umso mehr Energie bekomme ich auch. Die Wände der Mühle geben mir Schutz, denn sie schirmen mich nach außen ab. Wie stark aber sind meine Wände? Was halten sie aus? Und was muss ich daran eventuell verändern?

---

[18] Dieser Text stammt aus dem LEB-Reader „Lust auf Leben" von Anne Schröder-Sternberg und Peter Sieber-Klapprott.

Zitate zum Thema „Persönlichkeit und Charakter"

Der Charakter eines Menschen ist der Quellgrund seines Schicksals. Jeder gestaltet durch seine Wesensart, seine Denk- und Tatrichtung, sein Glück oder Unglück.
(Heraklit, griechischer Philosoph)

Der Charakter ist ein Fels, an welchem gestrandete Schiffe landen und anstürmende scheitern.
(Immanuel Kant, deutscher Philosoph)

Wenn man die Ruhe nicht in sich selbst findet, ist es umsonst, sie anderswo zu suchen.
(François de La Rochefoucauld, französischer Literat)

Persönlichkeit ist die Summe aller Fähigkeiten abzüglich aller Eitelkeiten.
(Jim Rakete, deutscher Fotojournalist)

Nicht in dem, was man besitzt, in dem, was man ist, äußert sich die Persönlichkeit.
(Oscar Wilde, irischer Schriftsteller)

Wenn unser Charakter ausgebildet ist, fängt leider unsere Kraft an zusehends abzunehmen.
(Ludwig Säume, deutscher Schriftsteller)

Der brave Mann denkt an sich selbst zuletzt.
(Friedrich Schiller, Dichter, Philosoph und Historiker)

Ein Charakter ist ein vollständig gebildeter Wille.
(Novalis, deutscher Schriftsteller und Philosoph)

Die Bescheidenheit müsste die Tugend derer sein, denen die anderen fehlen.
(Georg Christoph Lichtenberg, Mathematiker und Naturforscher)

Die Menschen sind nicht immer, was sie scheinen.
(Gotthold Ephraim Lessing, deutscher Dichter)

Nutzen Sie die folgenden Zitate bitte zur Ergänzung der beiden vorherigen Seiten. Welches Zitat halten Sie für besonders wichtig, wenn es um Selbstfindung und psychische Stärke geht?

Albert Schweitzer: **Bekenntnis zum freien Leben**[19]

Ich will unter keinen Umständen ein Allerweltsmensch sein.
Ich habe ein Recht darauf, aus dem Rahmen zu fallen,
wenn ich es kann.
Ich wünsche mir Chancen, nicht Sicherheiten!
Ich will kein ausgehaltener Bürger sein, gedemütigt, abgestumpft,
weil der Staat für mich sorgt.
Ich will dem Risiko begegnen,
mich nach etwas sehnen und es verwirklichen;
Schiffbruch erleiden, durch Stürme segeln und Erfolg haben.
Ich lehne es ab, mir den eigenen Antrieb
durch ein Trinkgeld abkaufen zu lassen.
Lieber will ich den Schwierigkeiten des Lebens entgegentreten,
als ein gesichertes Dasein zu führen.
Lieber die gespannte Erregung des eigenen Erfolges,
statt die dumpfe Ruhe Utopiens.
Ich will weder meine Freiheit gegen Wohltaten hergeben,
noch Menschenwürde gegen milde Gaben.
Ich habe gelernt, selbst für mich zu denken und zu handeln,
der Welt gerade ins Gesicht zu sehen und zu bekennen,
dies ist mein Werk: „Ich bin ein freier Mensch!"

Albert Schweitzer (1875 - 1965) lebte und arbeitete als Arzt, Philosoph, evangelischer Theologe, Organist und Pazifist. Er gründete ein Krankenhaus in Lambaréné in Gabun (Zentralafrika), veröffentliche zahlreiche theologische und philosophische Schriften sowie diverse Arbeiten zur Musik. 1952 erhielt er den Friedensnobelpreis.

Dieser Text lohnt sich für den Einstieg in eine Diskussion über das Thema „Freiheit", um das es auch auf der folgenden Seite geht.

---

[19] Quelle: https://www.mondamo.de/alt/schweizerwallraff.htm

Freiheit als Fähigkeit zum eigenen Willen

Der deutsche Philosoph Immanuel Kant unterscheidet zwischen praktischer und transzendentaler Freiheit (Transzendenz von transcendentia = „das Übersteigen"). Praktische Freiheit liegt für Kant vor, wenn unsere Entscheidungen nicht durch sinnliche Antriebe, sondern von einem Denken beeinflusst werden, das von der Vernunft geleitet wird. Dies meint, dass nicht unmittelbare Antriebe von Bedeutung sind, sondern vernunftsmäßige Überlegungen, die auch längerfristige Ziele und Interessen verfolgen. Transzendentale Freiheit hingegen charakterisiert die Unabhängigkeit der Vernunft von den Ursachen der Sinnenwelt. Entscheidungen sind praktisch frei, wenn sie auf vernünftige Überlegungen gründen. Sie sind aber erst frei, wenn auch die Überlegungen frei sind. Freiheit bezeichnet dann die Fähigkeit, aus eigenem Willen Entscheidungen zu treffen und ohne Zwang zwischen verschiedenen Möglichkeiten auswählen zu können. Freiheit bedeutet aber auch, über sich selbst bestimmen zu können, wozu Meinungsfreiheit, Willensfreiheit, Entscheidungsfreiheit, Handlungsfreiheit, Bewegungsfreiheit, Bildungsfreiheit, Religionsfreiheit, Pressefreiheit, Vertragsfreiheit etc. gehören. Viele der erwähnten Freiheitsrechte sind in gesetzlichen Verfassungen verankert. Denken wir dabei z. B. an die Grundfreiheiten, die uns in Deutschland auf der Basis des Grundgesetzes zustehen, was aber nicht bedeutet, dass wir alle gleich frei sind.

Freiheit bedeutet, „Nein" zu Zwängen und „Ja" zu Möglichkeiten zu sagen. Negative Formen der Freiheit existieren, wenn zwar keine Zwänge (z. B. durch die Regierung, Gesellschaft oder körperliche Einschränkungen) bestehen, aber die Möglichkeiten zum freien Handeln nicht genutzt werden können. So kann z. B. die negative Freiheit auch als *goldener Käfig* gesehen werden. Freiheit im Sinne einer positiven, souveränen oder faktischen Freiheit besteht, wenn uns innere Zwänge oder Einschränkungen nicht von freien Handlungen abhalten. Dazu zählen die Meinungsfreiheit und Bewegungsfreiheit, aber auch das Freisein von Gewohnheiten, Denkmustern und Vorurteilen. Selbstbestimmung und Selbstverwirklichung beginnen erst, wenn wir aktiv nach diesen Freiheiten handeln. In Bezug auf das Thema „Sinnvoll leben" lassen sich unterschiedliche Fragen formulieren, die Sie gerne im Rahmen einer Gruppenstunde oder eines Seminars diskutieren können.

> ➢ Was bedeutet individuelle Freiheit für Sie?
> ➢ Was verstehen Sie unter negativer Freiheit?
> ➢ Was bedeutet für Sie positive Freiheit?
> ➢ Welche Bedeutung hat der Begriff „Freiheit" in Bezug auf Ihr abstinentes Leben?

Ich-Werdung und Ich-Sein[20]

Wenn ich ich bin
und das Gewohnte hinter mir lasse,
staune ich über mein eigenes Profil,
meine Fehler, meine Stärken.

Ich stehe da,
stelle mich bloß,
zeige mein Gesicht.

Anderen biete ich Angriffsfläche.
Ich muss meine eigene Persönlichkeit leben,
ohne den gewohnten traditionellen Halt
von außen.

Freiheit heißt auch Einsamkeit.
Mag ich mich in ehrlicher Haut?
Mögen mich andere?
Was ist mir wichtiger?
Woher tanke ich neuen Lebensmut?
Was soll mir Kraft spenden?

<u>Hilfen zum Gespräch:</u>

> ➤ Kenne ich solche Gedanken?
> ➤ Treffen diese Gedanken auf mich zu?
> ➤ Inwieweit zieht sich die Idee der Veränderung durch mein Leben?
> ➤ An welchen konkreten Punkten der Veränderung arbeite ich gerade?
> ➤ In welchen Bereichen meines Lebens fühle ich mich sicher, kann ich Ich sein?
> ➤ Welche egoistischen Züge sind mit diesem Ich-Sein verbunden?
> ➤ Wie spüre ich, dass es meine eigenen Gedanken und Verhaltensweisen sind und nicht von außen auferlegte?
> ➤ Kann ich über mich und meine Fähigkeiten staunen?
> ➤ Kann ich mich in meiner (neuen) Haut selbst leiden?
> ➤ Von welchen Bedingungen bin ich abhängig?
> ➤ Welche störenden Abhängigkeiten möchte ich auf Dauer überwinden?

---

[20] Der Text stammt aus dem Reader „Lust auf Leben" von Anne Schröder-Sternberg und Peter Sieber-Klapprott.

Unser Leben gleicht einem Fluss

„Es ist der Lauf der Welt, und es ist so elementar wie die Schwerkraft. Wenn wir krampfhaft darauf bestehen, dass etwas so bleibt, wie es ist, dann wird es sich trotzdem verändern. Wenn wir versuchen, daran festzuhalten, ‚wie es war‘, dann wird uns das nur Leid und Enttäuschung einbringen, denn das Leben ist ein Fluss, und alles ändert sich." (aus Jack Kornfields Buch „Meditation für Anfänger", 2007)

Vertrauen in das Leben ist nicht immer einfach. Unser Verstand will Sicherheit und unsere Seele neue Erfahrungen und Wachstum. Sich dem Neuen und Unbekannten zu öffnen, löst nicht selten Angst in uns aus. Dabei ist das Festhalten am Alten eine der sichersten Methoden, Leid ins eigene Leben zu bringen.

Unser Leben gleicht dem Lauf eines Flusses, der manchmal sanft und manchmal reißend dahinströmt. Dem Fluss zu vertrauen, fällt dem Verstand oft nicht leicht. Es ist seine Aufgabe, unser Überleben zu sichern, und er reagiert in dieser Funktion auf vieles Unbekannte mit blanker Furcht. Haben wir doch immerhin mit den alten Verhaltensweisen bis hierhin überlebt! Und so hinderlich sie unserem Wachstum auch sein mögen: aus der Sicht des Verstandes sind sie allein schon deshalb ein Erfolgsrezept. Der Verstand kann und will aber nicht begreifen, wohin der Energiefluss des Lebens uns tragen will. Er mag das eine Ufer nicht loslassen, um zum anderen zu gelangen. Aber es ist normal, dass vor einem Neubeginn oft eine unruhige Zeit steht, da das Neue erst in unser Leben treten kann, wenn das Alte von uns abgefallen ist.

Nehmen Sie das obige Bild bitte zum Anlass, um in Ihrer Gruppe über das Festhalten und Loslassen zu sprechen. Fragen Sie dabei auch danach, wann und an welchen Stellen des Lebensflusses es den Gruppenmitgliedern besonders schwergefallen ist, Altes los- und Neues zuzulassen. Fragen Sie des Weiteren danach, wie die Gruppenmitglieder mit neuen Situationen umgegangen sind und wie sich diese Veränderungen auf ihr Leben auswirkt haben. Interessant wäre es zum Beispiel, mit der Gruppe einen Spaziergang am Ufer eines Flusses zu machen, um zu sehen, wie die Wassermassen strömen und sich das Flussbett nach und nach verändert. Ein solcher Ort kann vielfältige Möglichkeiten bieten, um sich mit anderen Gruppenmitgliedern über sich und sein Leben, seine Ängste und Hoffnungen auszutauschen oder dem Fluss des Wassers einfach nur in Ruhe und entspannter Haltung zu folgen.

Unsere persönlichen Werte

Dieser Text soll Sie dazu animieren, im Gruppenprozess einmal näher über die Bedeutung von Werten in Ihrem Leben nachzudenken. Das Ziel der Übung besteht darin, mehr Klarheit über eigene Wertmaßstäbe zu gewinnen und diese mit persönlichen Einstellungen und Verhalten zu koppeln, um in der Wertekommunikation mit anderen Menschen besser Position beziehen zu können. Die gewonnene Klarheit soll Ihnen vor allem mehr Orientierung und ein gutes Gefühl der Stimmigkeit zwischen Wertmaßstäben und Verhalten verschaffen. Was aber ist erst einmal unter dem Begriff „Wert" zu verstehen? Wertvorstellungen oder kurz Werte bezeichnen erstrebenswerte oder moralisch gut betrachtete Eigenschaften bzw. Qualitäten, die zum Beispiel Objekten, Ideen, praktischen bzw. sittlichen Idealen, Sachverhalten, Handlungsmustern, Charaktereigenschaften usw. beigemessen werden.

Persönliche Werte können dabei helfen, unsere Lebensgeschichte oder einzelne Etappen daraus besser zu verstehen. Ein solches Nachdenken kann ein Wertebild vermitteln, das sich im Laufe unseres Lebens immer weiter gewandelt hat. Im Sinne des österreichischen Psychologen Viktor Frankl, dem Begründer der humanistischen und sinnbasierten Psychotherapie, ist der Mensch ein sinnsuchendes Wesen. Bei seiner Suche nach dem Sinn des Lebens spielen vor allem persönlichen Werte eine zentrale Rolle. Dies lässt sich zum Beispiel erkennen, wenn wir darüber nachdenken, welche Werte für uns in der Jugend, im frühen oder späteren Erwachsenenleben von Bedeutung waren. Aber auch in Bezug auf die unterschiedlichen Phasen der Sucht und späteren Abstinenz lässt sich ein solcher Wertewandel feststellen. Daher möchte ich Sie bitten, sich mit den Lebensphasen Ihrer eigenen Jugend und Ihres Erwachsenendaseins zu beschäftigen und diesen jeweils drei Aussagen (Stichworte) zuzuordnen, aus denen deutlich wird, welche Werte damals von Bedeutung waren und welche heute. Erst so wird mit aller Voraussicht verständlicher, welche Veränderungsprozesse zur Entwicklung Ihres Wertesystems beigetragen haben.

> ➤ Welche Bedeutung hatten und haben für Sie Werte wie „Verlässlichkeit", „Konzentration", „Gewissenhaftigkeit" und „Toleranz"?
> ➤ Wie haben sich diese Werte im Laufe Ihres Lebens verändert?
> ➤ Wie haben sich Ihre Werte vor allem seit dem Beginn der Abstinenz verändert?
> ➤ Was war dabei ausschlaggebend für die Veränderung Ihrer persönlichen Werte?

Zwischen Tradition und Moderne[21]

Bitte vergleichen Sie die beiden Bilder miteinander und notieren Sie Ihre spontanen Eindrücke. Auf der kommenden Seite finden Sie Fragen um die Bildbetrachtung im Kreise der Gruppe weiter zu konkretisieren.

---

[21] Diese und die folgende Seite stammte aus dem LEB-Reader „Lust auf Leben" von Anne Schröder-Sternberg und Peter Sieber-Klapprott. Die Texte wurde vom Autor dieses Buches leicht überarbeitet.

Bildvergleich damals und heute

Hilfen zum Gespräch:

> Was lösen beide Bilder im positiven und negativen Sinne an Kindheitserinnerungen in Ihnen aus?
> Welche Sehnsüchte lösen sie möglicherweise aus?
> Welchen Zeitraum in der Geschichte nehmen beide Bilder für Sie ein?
> Versetzen Sie sich bitte in die jeweilige Situation und erleben Sie in Gedanken einen Tag in den beiden Bildern. Halten Sie Ihr Erleben in Stichworten fest.
> Wie äußerte sich das Zusammenleben in der damaligen Zeit?
> Wie war der zwischenmenschliche Umgang in der Familie?
> Wie sah es mit der damaligen Familienstruktur aus (Eltern, Großeltern, andere Verwandte)?
> Welche positiven und negativen Gedanken auf das frühere und heutige Leben treten bei Ihnen in Erscheinung?
> Wie äußern sich Selbstständigkeit, Individualität, Freiheit, Unsicherheit, Beweglichkeit, Verkehr und Umwelt in beiden Lebenswelten?
> Was erscheint für Sie wichtig, um mehr Lebensqualität zu gewinnen?
> Welche Kraftquellen benötigen Sie dazu?

Was fällt uns schwer – was fällt uns leicht?[22]

Bei dieser Übung teilt sich die Gruppe in jeweils 2 Partner/innen auf, die sich gegenübersitzen, um sich über die Antworten der nun folgenden Fragen auszutauschen. Voraussetzung ist, dass sich beide Partner/innen akzeptieren und zum Zuhören bereit sind, um jene Gedanken und Gefühle auszutauschen, die die Beantwortung der Fragen ausgelöst hat.

Kreuzen Sie die Antworten einfach nur an.

1. Es fällt mir schwer, meine Gefühle anderen Menschen zu zeigen.

( ) eher ja   ( ) eher nein

2. Gefühlsregungen erlebe ich recht oft und intensiv.

( ) eher ja   ( ) eher nein

3. Ich spreche oft mit Menschen über meine emotionalen Erlebnisse.

( ) eher ja   ( ) eher nein

4. Ob ich Gefühle zeige, hängt von den Gesprächspartnern ab.

( ) eher ja   ( ) eher nein

5. Es fällt mir leichter, meine Gefühle zu zeigen, wenn der Gesprächspartner
   (bitte den Satz ergänzen)

_____

_____

6. Nennen Sie bitte zwei Gefühle, bei denen es Ihnen besonders schwerfällt, sie anderen Menschen zu zeigen:

a) _____

b) _____

Wenn Sie sich mit Ihrem Partner/Ihrer Partnerin ausgetauscht haben, bietet sich darauf aufbauend die Übung auf der nächsten Seite an.

---

[22] Der Text auf dieser und der folgenden Seite stammt aus dem LEB-Reader „Lust auf Leben" von Anne Schröder-Sternberg und Peter oft m-Klapprott.

Gefühle im Umgang mit anderen Menschen

In einer weiteren Runde geht es noch einmal um unterschiedliche Gefühle. Auch im Rahmen dieser Übung macht es Sinn, sich einen Partner bzw. eine Partnerin zu suchen, um sich mit ihm oder ihr über die Ergebnisse auszutauschen. Natürlich können dies auch Partner oder Partnerinnen aus der vorherigen Übung sein. Manchmal macht es aber Sinn, sich mit einem anderen Gruppenmitglied auszutauschen. Die nun folgende Übung ist ganz einfach, denn Sie müssen nur ankreuzen, was auf Sie im Umgang mit anderen Menschen zutrifft. Danach können Sie sich in einem weiteren Schritt mit Ihrem Gesprächspartner oder Ihrer Gesprächspartnerin über die Ergebnisse austauschen. Setzen Sie bitte hinter den einzelnen Wörtern einfach ein Plus- oder ein Minuszeichen.

(+) bedeutet: häufiger, als ich es mir wünsche

(-) bedeutet: seltener, als ich es mir wünsche

Zärtlichkeit	Sehnsucht
Wohlwollen	Skepsis
Dankbarkeit	Selbstbewusstsein
Angst	Gelassenheit
Ablehnung	Wunsch nach Nähe
Mitgefühl	Wunsch nach Distanz
Hoffnung	Verbundenheit
Betroffenheit	Heiterkeit
Langeweile	Bedrückung
Erstaunen	Unwohlsein
Engagement	Teilnahmslosigkeit

Glücksgefühle

Glück ist häufig eine Frage der Wahrnehmung, denn es kommt auf unseren Standpunkt an, was wir unter Glück verstehen. Man könnte es auch anders formulieren, denn es ist zugleich der mutige Wille zum Leben, indem man die Bedingungen des Lebens annimmt. Schwierig wird es jedoch, wenn wir Glück als objektive Sache betrachten wollen, denn im Endeffekt versteht jeder von uns darunter etwas anderes. Der griechische Philosoph Aristoteles sah Glückseligkeit als „das vollkommene und selbstgenügsame Gut und Endziel des menschlichen Handelns". Sein Lehrer Platon ging davon aus, dass der Mensch nur glücklich werden könne, wenn die menschliche Seele, die Vernunft, der Wille und das Begehren im Gleichgewicht sind. Aus dem heutigen Volksmund kennen wir die allgemeine Ansicht, dass man selbst seines eigenen Glückes Schmied ist und sich Glück als ein Zusammenspiel von bewusst getroffenen Entscheidungen und Zufällen darstellt.

In der modernen Glückforschung unterscheidet man zwischen dem Lebens- und dem Zufallsglück. Dabei wird das Lebensglück vor allem von Faktoren wie Familie, Liebe, Beruf, Finanzen und Freizeit beeinflusst, Dinge also, die zu einem nicht unbedeutenden Teil auch von strukturellen Verhältnissen in der Gesellschaft und Wirtschaft sowie dem Arbeitsmarkt abhängig sind. Das Lebensglück kann in diesem Zusammenhang als eine Art des Wohlfühlens verstanden werden, da es innere Zufriedenheit vermitteln kann. Es tritt vor allem ein, wenn man sich in sich und in seiner sozialen Umgebung geborgen fühlt, einen guten Freundeskreis hat oder mit seiner Familie sorgenfrei leben kann. Dagegen lässt sich das Zufallsglück, wie der Name schon sagt, nicht beeinflussen, denn es kommt plötzlich und unerwartet. Der Dichter und Schriftsteller Heinrich Heine beschrieb diese Form des Glücks einst folgendermaßen: „Es küsst dich rasch und flattert fort."

Stellen Sie diesen Text doch einmal in Ihrer Gruppe vor und diskutieren Sie die unterschiedlichen Aussagen zum Thema Lebens- und Zufallsglück. Fragen Sie die Gruppenmitglieder, was sie unter Lebensglück verstehen und wann, wo und wie sie in den letzten Wochen Momente der Glückseligkeit erlebt haben. Beziehen Sie bitte auch die folgende Seite in Ihre Diskussion ein, die mit Zitaten zum Thema „Glück" aufwartet.

Zitate zum Thema „Glück"

Glück entsteht oft durch Aufmerksamkeit in kleinen Dingen, Unglück oft durch Vernachlässigung kleiner Dinge.
(Wilhelm Busch, humoristischer Dichter und Zeichner)

Bedenke stets, dass alles vergänglich ist; dann wirst du im Glück nicht zu fröhlich und im Leid nicht zu traurig sein.
(Sokrates, griechischer Philosoph der Antike)

Solange du nach dem Glück jagst, bist du nicht reif zum Glücklichsein.
(Hermann Hesse, deutsch-schweizerischer Schriftsteller, Dichter und Maler)

Der Schlüssel dazu, sich eines glücklichen und erfüllten Lebens erfreuen zu können, ist der Bewusstseinszustand. Das ist das Wesentliche.
(Dalai Lama, er wird im tibetischen Buddhismus als Bodhisattva verstanden, als erleuchtetes Wesen)

Das Glück ist keine Dauerwurst, von der man täglich eine Scheibe herunterschneiden kann.
(Erich Kästner, deutscher Schriftsteller, Publizist, Drehbuchautor)

Halte nie einen für glücklich, der von äußeren Dingen abhängt.
(Seneca, römischer Philosoph, Dramatiker und Naturforscher)

Das Glück gehört denen, die sich selber genügen.
(Aristoteles, griechischer Philosoph der Antike)

Das höchste Glück des Lebens besteht in der Überzeugung, geliebt zu werden.
(Victor Hugo, französischer Schriftsteller)

Wer ständig glücklich sein möchte, muss sich oft verändern.
(Konfuzius, chinesischer Philosoph zur Zeit der Östlichen Zhou-Dynastie)

Humor als Lebenseinstellung

Sinn für Humor kann eine positive Eigenschaft für uns Menschen sein. Er erleichtert den Austausch mit anderen, ist dazu noch gesund und kann helfen, schwierige Situationen zu überwinden. Man muss nicht wahnsinnig witzig sein, um einen Sinn für Humor zu entwickeln. Wichtig ist eher eine gute Portion Optimismus, die ausreicht, um das Leben von einer anderen Seite zu sehen. Humorvoll sind vor allem Menschen, die über sich selbst lachen können.

In diesem Sinne hat Humor immer auch etwas mit unserer Lebenseinstellung zu tun, die wir uns im Laufe des Lebens aneignen und die es uns erlaubt, offener und unbeschwerter mit den Anforderungen des Alltags und unseren Problemen umzugehen. Menschen, die humorvoll sind, gelingt es eher, Stress und Ängste abzubauen, da sie meistens über ein positives Selbstwertgefühl verfügen und dadurch imstande sind, auch schwierige Situationen im Leben zu meistern. In diesem Sinne verfügen humorvolle Menschen über eine Reihe geistiger, emotionaler und sozialer Vorteile, zu denen auch eine höhere Schmerz- und Stresstoleranz gehört. Humor unterscheidet sich jedoch in vielerlei Hinsicht vom Komisch-Sein, da letzteres Verhalten mehr außengerichtet ist. Dagegen äußerst sich Humor in der Fähigkeit, sich zu entspannen, das Leben nicht übermäßig ernst zu nehmen und selbst über absurde Momente noch lachen oder zumindest schmunzeln zu können. Wir müssen also nicht witzig sein, um einen Sinn für Humor zu entwickeln und auch nicht ständig Witze erzählen, obwohl dies auch eine Kunst ist. Bitte sprechen Sie doch in Ihrer Gruppe einmal über das Thema „Humor" im Rahmen der folgenden Fragen:

> ➢ Worüber können die Gruppenmitglieder besonders lachen?
> ➢ Was bringt sie zum Lächeln und lässt ihre Augen strahlen?
> ➢ Welche unterschiedlichen Arten von Humor sind der Gruppe bekannt?
> ➢ Inwieweit betrachtet die Gruppe Humor als etwas Echtes und Ehrliches?
> ➢ Welche Rolle spielt der Humor für das Selbstwertgefühl der Gruppenmitglieder?

Wie man's in den Wald hineinruft

In der Kommunikation mit unseren Mitmenschen spielt unser Auftreten eine bedeutende Rolle, ganz nach dem bekannten Spruch: „Wie man es in den Wald hineinruft, so schallt es auch heraus". Unser Auftreten trägt dazu bei, wie wir bei unseren Gesprächspartnern ankommen, sei es im Alltag oder beim wöchentlichen Treffen in der Selbsthilfegruppe. Körperhaltung, Mimik und Gestik spielen dabei eine nicht unbedeutende Rolle, denn unser Auftreten hat einen Einfluss darauf, wie uns andere Mensch wahrnehmen und wie sie aufgrund dessen mit uns umgehen. Es wundert also nicht, dass der Eindruck, den wir im kommunikativen Austausch hinterlassen, ihr Verhalten uns gegenüber prägt. Sicherlich ist niemand von uns fehlerfrei, wenn es um den Dialog mit anderen Menschen geht. Wenn wir aber offen für ein solches Miteinander sind, sind wir in vielfacher Hinsicht auch lernfähig. Und wer dazu imstande ist, sein Kommunikationsverhalten kritisch zu betrachten, lernt nicht nur, auf seine Ausdrucksweise zu achten, sondern lernt auch seine Stärken und Schwächen besser kennen.

In der Gruppe fördert eine gute soziale Atmosphäre das Miteinander, wenn sich Gruppenmitglieder anerkannt und verstanden fühlen. Ein offener und verständnisvoller Umgang fördert das Kommunikationsverhalten der einzelnen und gibt ihnen die nötige Kraft, um im Alltag angstfreier und gezielter zu kommunizieren. So bietet dann die Teilnahme an einer Selbsthilfegruppe die große Chance, sein Kommunikationsverhalten positiv zu ändern. Ein gutes Gruppenklima ist dafür eine hervorragende Basis.

Dazu gehört nicht zuletzt, dass man in der Gruppe lernen kann, sich konstruktiv zu streiten, was wiederum die Konfliktfähigkeit jedes einzelnen Gruppenmitglieds fördert. Werden dort Probleme offen angesprochen und solidarisch bearbeitet, baut die Gruppe längerfristig Vertrauen auf. Wichtig ist, dass die einzelnen Gruppenmitglieder lernen, sich in solchen Situationen nicht zurückzunehmen, sondern sich aktiv ins Gruppengeschehen einzubringen, um auf diese Weise das Gemeinschaftsgefühl und das soziale Miteinander zu fördern und zu stärken.

> ➢ Welche Bedeutung schreiben Sie dem Miteinander in Ihrer Selbsthilfegruppe zu, wenn es um Ihr persönliches Kommunikationsverhalten geht?
> ➢ Wie hat sich Ihr persönliches Kommunikationsverhalten durch den Gruppenbesuch im Laufe der Zeit verändert?
> ➢ Was möchten Sie bezüglich Ihres Kommunikationsverhaltens vielleicht noch verbessern?

Innere und äußere Natur

Mit der inneren Natur ist das ursprüngliche Wesen eines Menschen gemeint, das  ihn mit seinen Stärken, Schwächen und Gefühlen unverwechselbar macht. Ebenso wichtig ist die Stellung zu der ihm umgebenden Natur. Durch das Zusammenspiel von innerer und äußerer Natur kann er eine intensive lebendige Verbindung zu seinem Wesen erfahren, was ihm Kraft und Energie vermitteln kann. Der moderne Mensch hat sich seit der Industrialisierung jedoch mehr und mehr von der äußeren Natur und seinem natürlichen Wesen entfremdet.

Ein bedeutender Aspekt in diesem Geschehen ist die Entfremdung der menschlichen Arbeit im kapitalistischen Wirtschaftssystem, was sich nicht nur auf die Entfremdung der Arbeitenden von ihrer Arbeit und den von ihnen hergestellten Produkten bezieht, sondern auch auf ihre Entfremdung von der Natur. Eben weil der Mensch ein bewusstes Wesen ist, macht er seine Lebenstätigkeit und sein Wesen zu einem Mittel seiner Existenz. So wird er durch die Entfremdung von der Natur und von sich selbst seinem eigentlichen Wesen entfremdet. Es wundert daher nicht, dass immer mehr Menschen durch technische Beschleunigung, Beschleunigung des sozialen Wandels und Beschleunigung des Lebenstempos als Triebfedern des gesellschaftlichen Wandels sich von ihrer inneren Natur und von der äußeren Natur entfremdet haben. Dies hat im Laufe der Zeit zu einer übermäßigen Versachlichung von Kräften und Eigenschaften und zur Verdinglichung des menschlichen Seins beigetragen. Durch die Entfremdung von sich selbst läuft der Mensch nicht nur Gefahr, von sich entfremdet, sondern auch verdinglicht zu werden, so dass sein ursprüngliches Wesen im Zuge der erwähnten gesellschaftlichen Entwicklungen mehr und mehr mechanisiert wird, was das Zusammenspiel von innerer und äußerer Natur ernsthaft behindern oder sogar blockieren kann.

> ➤ Wie wichtig ist uns das Zusammenwirken von innerer und äußerer Natur?
> ➤ Nehmen wir die uns umgebenden Natur seit dem Beginn der Abstinenz wacher und aufmerksamer wahr?
> ➤ Und was kann die äußere unserer inneren Natur geben?

Was vermittelt uns Geborgenheit?

Die Lust am Leben kann sich eigentlich erst richtig entfalten, wenn wir uns sicher und geborgen fühlen. Ein solches Gefühl der Geborgenheit ist eng mit unseren Gedanken, Erfahrungen, Erinnerungen und Phantasien verknüpft.

Es ist ein Gefühl, nach dem sich jeder Mensch sehnt, so dass ein solcher Wunsch auch als existentielles menschliches Bedürfnis verstanden werden kann. Es handelt sich um einen seelischen Zustand, bei dem wir uns seelisch gut und in unserer Umgebung aufgehoben fühlen. Ein solches Gefühl ist seit unserer Kindheit eng mit dem verbunden, was wir als *Nestwärme* bezeichnen. Und wenn wir uns geborgen fühlen, verspüren wir Sicherheit und weniger negative Gefühle wie Angst oder Einsamkeit.

War das Gefühl der Geborgenheit in Zeiten der Sucht weniger existent, so tritt es im Rahmen der Abstinenz immer stärker in Erscheinung, denn wir erleben, dass wir bei uns sind und uns ohne die künstliche Manipulation durch Alkohol, Drogen, Medikamente oder stoffungebundene Suchtformen wohler fühlen.
In den ersten Jahren der Neuausrichtung nach der Sucht spielt das Gefühl der Geborgenheit nicht nur eine bedeutende Rolle für den abstinenten Weg, sondern es fördert auch den Willen, das Leben ohne künstliche Manipulation in all seinen Schattierungen zu erfahren.

Geborgenheit meint nicht unbedingt, dass wir uns in den Armen einer Partnerin oder eines Partners sicher und wohl fühlen, denn wir können Geborgenheit auch empfinden, wenn wir mit uns alleine oder in der Natur sind. Geborgenheit hängt stark mit unserer seelischen Verfasstheit und unseren Einstellungen zusammen und wird darüber hinaus von unserer sozialen Umwelt beeinflusst.

Dabei kann auch die Mitgliedschaft in einer Selbsthilfegruppe einen großen Einfluss auf das Gefühl der Geborgenheit haben. Das Gefühl, in einer Gruppe fest integriert zu sein, vermittelt uns eine bestimmte Sicherheit, da sie sozialen Rückhalt bietet.

> Sprechen Sie über dieses Thema doch einmal in Ihrer Gruppe und erfahren Sie, was die Gruppenmitglieder darüber denken, was ihnen Geborgenheit in der Abstinenz vermittelt.

Literaturempfehlungen

Meinolf Bachmann/ Andrada El-Akhras (2014): Lust auf Abstinenz: Ein Therapiemanual bei Alkohol-, Medikamenten- und Drogenabhängigkeit. Berlin und Heidelberg: Springer Verlag.

Reni Berg (2012): Ich sein: Mut sich Ich. Bühl: Ikotes Verlag.

Rolf von Berg (2018): Besser ohne Alkohol. Der Weg in ein neues Leben. Kindle Edition.

Anton Erhart (2017): Der trockene Weg. Epubli Verlag. Berlin.

Viktor E. Frankl (2017): Wer ein Warum zu leben hat: Lebenssinn und Resilienz. Weinheim und Basel: Beltz Verlag.

Erich Fromm (2005): Vom Haben zum Sein: Wege und Irrwege der Selbsterfahrung. München: Ullstein Verlag.

Catherine Gray (2018): Vom unerwarteten Vergnügen, nüchtern zu sein: Frei und glücklich - ein Leben ohne Alkohol. München: MVG Verlag.

Alexander Jeanmaire (2009): Der kreative Funke: Handbuch für Kreativität und Lebenskunst. Witten: Ars momentum Kunstverlag.

Matthias Jung (1999): Seele - Sucht - Sehnsucht: Wege zur Klarheit. Koblenz: Emu Verlags- und Vertriebsgesellschaft.

Jutta und Thomas Ritter (2016): Lebensfluss: Gedichte und Fotos von Jutta und Thomas Ritter. CreateSpace Independent Publishing Platform.

Jutta Rössler (2018): Gesundes Ego - starkes Ich: Kraft aus sich selbst schöpfen. Stuttgart: Trias Verlag.

Albert Schweitzer (2013): Die Ehrfurcht vor dem Leben. Grundtexte aus fünf Jahrzehnten. München: Verlag C. H. Beck.

Rudolf Walter/Anselm Grün (2017): Zur inneren Balance finden: Was das Leben leichter macht. Freiburg im Breisgau: Herder Verlag.

Roger Wisniewski (2018): LebensLust: Komm, wir suchen Epikurs Garten! Norderstedt: Books on Demand.

Bildnachweise:

Über den Autor:

Dr. Burkhard Kastenbutt, Leiter des *Instituts für Sucht- und Gesundheitsforschung* in Osnabrück. Langjähriger Referent der Ländlichen Erwachsenenbildung in Niedersachsen im Bereich der Bildungsarbeit in und mit Suchtselbsthilfegruppen. Dozent für Familien- und Jugendsoziologie am Fachbereich Kultur- und Sozialwissenschaften der Universität Osnabrück. Zusammen mit Aldo Legnaro und Arnold Schmieder Herausgeber des *Jahrbuchs Suchtforschung*. Zahlreiche Publikationen in Büchern und Fachzeitschriften zu den Ursachen der Sucht im Jugend- und Erwachsenenalter. Letzte Veröffentlichungen: *Sucht und Abstinenz im Spiegel von Geschlecht, Generation und Gesundheit: Arbeitsmaterialien für Suchtselbsthilfegruppen*, Norderstedt, 2018. Zusammen mit Heinz-Werner Müller: *Suchtselbsthilfe im Wandel. Zwischen alten und neuen Formen der Abhängigkeit*, Norderstedt. 2018.